拾穗集

從事教育工作心得論述之十

李福登◎著

序言

小時候，曾經有過在稻禾收割後的田園間，撿拾遺漏在地上的稻穗之經驗，每當將撿拾而來的稻穗，集結編織成串，拿在手中頗有紮實的收穫感。尤其是一進家園，就被成群雞鴨追著啄食，有時提防不及，索性將它攤放在地上，讓餓壞了的雞鴨們盡情搶食，斯情斯景，雖已過一甲子之久，迄今仍歷歷在目。

及至四〇年代，進入大學時，開始接觸文藝，適有中文出版的《拾穗》月刊雜誌發行，該刊物以田園派寫實名家米勒不朽之畫作——「拾穗」作爲每期的封面，個人屢屢被它豐富的內容所吸引而愛不釋手，爲此留下極爲深刻的印象。

八十七年帶領學生赴法國海外參訪實習時，就在巴黎塞納河畔參觀由舊火車站改建而成的「奧塞美術館」，目睹了米勒「拾穗」及另一名作「晚禱」的原作，一時心情爲之凝結，更有切身之感，不禁佇立注視良久而不捨離去。

打從民國五十一年初執教鞭，轉眼之間，迄今已四十個年頭，又想到八十一年八月奉命籌備高雄餐旅管理專科學校，倏忽也已近十年，可謂「一路走來，始終如一」地堅守在教育崗位上，如果將教育工作當作是田園耕耘來說，如今可以說是撿拾滿田金橙稻穗的時候了，是故將本書取名爲「拾穗集」，以彰顯滿心愉悅歡喜收割之意。

特別是近十年來，創立經營高雄餐旅學院，因係全國首創，無例可援，旋於參訪歐美餐旅先進國家之後，擇其精華，從無到有，創校建校，有時自我比喻爲「植樹者」。在「十年樹木」的灌溉呵護下，如今眼看樹苗日益茁壯茂盛，過程雖辛苦備嚐，但卻有滿倉豐富收穫，蘊藏「點滴在心頭」的欣喜感覺。

本集文稿之內容，經至友董峰政及楊勝春兩位老師潤飾，並由宋秀珠及謝金燕兩位女士協助繕打整理，始得順利付梓，特此申謝。

李福登　謹識

九十二年三月

目錄

社會篇

鄉土篇

教育篇

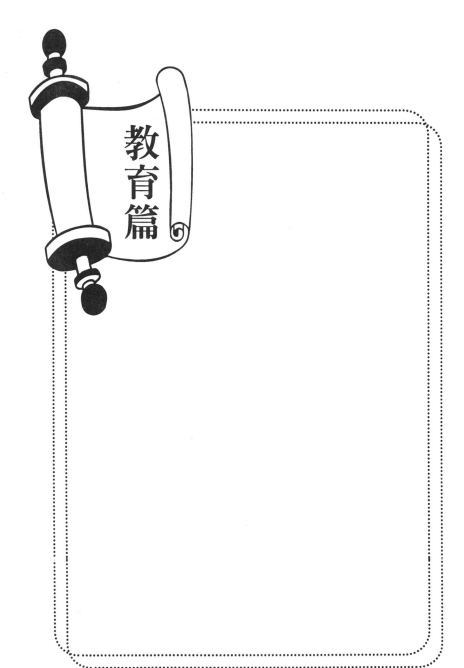

台灣觀光業振興之道

首屆亞太經合會（APEC）觀光部長會議已在漢城落幕，與會部長除簽署「觀光憲章」外，並發表宣言，強調將共同致力推動亞太區域觀光發展。台灣觀光業之推展本已循序漸進，不幸經逢九二一大地震之影響，使外來觀光客驟減。如何在亞太區域中扮演一個活躍關鍵的角色？

一、提升權責單位層次與鼓勵民間合作

發展觀光應有整套的策略，而觀光策略的研討及執行，需要龐大人力與經費。現在

負責推動全國觀光事宜，屬於交通部的二級單位——觀光局，人力編制有限，每年預算不到新台幣兩億元（韓國十億元，新加坡高達十三億元）。在目前政府精簡人事及財政短絀下，要擴編及增加經費不太可能。因應之道，應研訂辦法，鼓勵民間合力參與，共同推動觀光產業。

二、舉辦國際會議或大型活動以廣招徠

多舉辦類似台北燈會及美食展等大型活動，或爭取世界性選美、汽車、運動單項，以及如扶輪社、獅子會等國際社團來台開會，藉以吸引國內外人潮。

三、擴大落地簽證範圍

政府雖已局部對美、澳、日等特定國實施「七十二小時免簽證」，吸引不少本來「過境不入」的旅客。但比起新加坡、韓國、關島等國家，皆採免簽證或落地簽證大大不如，這種歡迎觀光客的作法，值得借鏡。

四、營造旅遊安全、舒適及便利的環境

治安良好、交通秩序、生態保護、噪音管制、垃圾處理及通訊便利等，皆爲觀光客旅程中所關心的項目，不得不重視之。

五、培養熱誠有禮的待客之道

全民應有共識，如何使觀光客「賓至如歸」，有待大家一起努力，舉凡外語能力、貨眞價實及熱誠開朗等特質，都是「觀光之島」成功的要件。

台灣蘊藏著豐富的觀光資源，若能有效的開發管理，透過行銷策略推展，觀光產業必可成爲帶動其他產業發展的指標工業。

（本文刊載於八十九年七月十五日《民生報》）

教評會之運作亟待導正改善

據媒體報導，「流浪教師協會」日前在中外記者的見證下，在教育部發起無限期絕食靜坐抗議，甚至該會理事長陳朝松揚言，不惜以「自焚」的激烈手段抗爭。使得爭議已久的教評會功能，再度引起社會的關切。

以往國中及國小教師的分發和調動，是由各縣市政府教育局統籌辦理，但自從八十六年三月十九日教師法修正通過後，依據新版教師法第十一條規定，中小學教師介聘作業，係先經各校組成的教師評審委員會「審查」通過，始交由校長「聘任」。由於教評會之運作採合議制，且委員多數是教師代表，與實際負責校務推動的校長對於教師甄選的認知，不免有所差距，導致「教評會有權無責，校長有責無權」的混亂情況由是而來。

倍受各界矚目的是，此一算是教育改革上的大鬆綁，卻也給教育生態帶來極大的衝擊。本期校園民主化、自由化及學校自主性得以逐步實現的理想構築，怎奈因各校對於法令之曲解、校長與教評會之間的權責未能釐清、教評會成員良莠不齊、專業素質不足，以及人情外力介入等因素，造成新法一實施就引起不少爭議，甚至衍生出「校園黑金」的亂象。

過去，行諸多年有關教師調動由教育行政機關統一作業的方式，雖有缺點，但依資歷、積分及獎勵等爲依據，業已約定俗成，也頗具公信力，不無可取之處。如今遽爾由各校單獨辦理，許多學校爲了甄選二、三名教師，從擬訂簡章，接著受理報名到初試、試教及面談等一系列的流程，莫不顯得大費周章。這除了人力物力所費不貲之外，尤以各校私訂門檻，如限制性別、年齡、專長或另訂校友、住所比鄰學校及校長推薦等可獲得加分的作法，招來「近親繁殖」之譏，更有可議之處。除此之外，有些學校透過人情關說，甚至以抽籤決定，憑運氣雀屏中選，在在有失掄才之精神。凡此私設門檻及公然護航之附加條件爲之「琳琅滿目」，可謂五花八門，不一而足。更糟糕的是，各校甄選日期不一，標準互異，有意調動的教師須花很多時間蒐集資訊及請假準備應試，個個疲於奔命，實已嚴重影響正常教學。正由於各校甄選標準及要求條件出入不少，章法混亂，教師內心困擾急躁浮動的同時，也顯露出一幅「八仙過海，各顯神通」的鑽營景象。

年來由各校依據「實缺單調」新制辦理的甄選，可謂不很順利。根據教育部統計指出，八十八年第一次辦理國中教師調任成功率僅百分之八左右，相較於八十七年的百分之三十一點五三的數據，顯然降低很多，而國小教師部分爲百分之五十左右，也明顯低於八十七年的百分之六十二。因調成率過低，一群不滿現制的落榜國中小教師於是組成「流浪教師協會」，準備和教育主管機關「抗爭」到底。揆諸教師法之授予學校辦理教師甄選，原本是要給予學校更高自主權選擇優秀教師，結果卻造成調動教師人心惶惶，眞是始料未及！

針對上述缺失，頗有必要從制度面著手，以謀求改進之道。筆者以爲事關三千六百多所中小學教師之人事聘用事宜，又有八千多位實習教師殷切待聘，若能以地區或數校聯合成立教評會，可設立一個單一窗口，事有專屬，較有充足的人力物力進行周詳的規劃，本諸公開、公正、透明化的過程從事作業，再加外聘專業客觀公正人士參與，排除性別、年齡、婚姻、黨派、校友及地域等差別的歧視條件，並公開作業要點，以便讓有意調動教師有所適從，提早準備，進而使此一提高學校自主權，使之遴選優秀教師的良法美意得以落實，俾對教育改革增添實質的助益。

（本文刊載於八十九年八月十二日《中央日報》）

不宜重利爲餌招徠學生

大學聯招過後，大學博覽會又正式登場。衆所皆知，大學博覽會舉辦的宗旨是提供學生多樣化的資訊，作爲選校選系的重要參考。衡之實況，大會目標正確，但作法値得商榷。據報導，參展大學爲達促銷目的，莫不使盡各種招式，有的學校爲吸引學生，不惜以贈送電腦、手機、巨額獎學金及免學雜費等方式，企圖招收優秀學生。甚至出動辣妹演出清涼舞蹈秀，及推出千奇百怪的形象、醒目廣告拉攏學生。凡此種種，皆在想引起考生的注意，贏得考生的青睞。但是此等作法，無異於商業宣傳及房屋促銷行爲，難免引人「學店」的遐思。

大學院校經營競爭劇烈，日趨困難，原因在於新設學校如雨後春筍般冒出，而學生來源數量不增反減，大家一起搶食「生源大餅」。尤其今年博覽會出現另一現象，外國大學如美、英、加、澳、日及新加坡等，紛紛登陸設攤「搶學生」，一旦加入世界貿易組織（WTO）以後，搶灘情形會更加嚴重。國立學校財務大部分依賴政府預算，如此使勁是想錄取優秀學生，而私立學校財源端靠學生，若招生不足，經費拮据可想而知，特別是爲提高校譽「重金禮聘名師」，及投下鉅資充實硬軟體設備，招不足額，私校經營更是雪上加霜。

社會功利主流價值觀衝擊純淨的校園，導致學校以重賞重利爲誘因吸引學生，唯利是圖的商業行爲嚴重污染了純潔的大學生心靈，識者期期以爲不可。其實，大學院校可用辦學理念、經營特色、優秀師資、教學品質、校園環境、人文關懷及學生出路等積極條件，引導學生作正確的選擇，才是眞正符合教育的意旨。至聖先師孔子說：「勿欲速，勿近小利。欲速則不達，近小利則大事不成。」這句教育名言，值得短線操作的教育工作者省思。

讓教改回歸基本面

近日重大教改中的「多元入學」方案，遭立委質疑不但未減輕學生課業的壓力，反而製造更多的考試次數。如今在輿論壓力下，教育部又改弦更張，擬將高中入學方式由多元化改爲推甄、申請及分發等三元化，政策一再變更，不但教育界「霧裡看花」，學生及家長也無所適從。使得教改的議題又引起社會大衆的關切。

教育是一項長期性、持續性及全面性的艱巨工程，理應有一套可長可久的政策，藉資遵循。但揆諸實際情形，短短八年來，教育部先後經歷了毛高文、郭爲藩、吳京、林清江、楊朝祥及曾志朗等六位部長，除現任的曾志朗部長外，平均每位部長任期僅一年半，在如此短暫的期間，期其政策落實，開花結果，可眞是強人所難。

吾人肯定每位部長皆是教育界一時之選，亦皆能針對時弊提出對策，奈何受到「人去政息」的影響，良好的政策往往無以爲繼，績效自然大打折扣。近年來諸多教改方案中，舉其犖犖大者：如「十二年國教」的構想雖好，卻因牽涉過廣，迄今「只聞樓梯聲，不見人下來」。又如「九年一貫課程」的計畫，前任部長信誓旦旦要於九十學年度實施，也因部分國中教師反彈，而未能建立共識，現任部長遂有「不排除延後實施」的表示。

其實，教育的內涵不外乎師資、課程及設備等三大主軸，改革並不代表要標新立異而忽略了最基本的要項。試舉改革重點臚列如下：

一、不適任師資之處理：學校之良窳及教育效能，繫乎是否有優秀的教師陣容，現今各級學校存在不少不適任的教師，這種情形大家都心知肚明，只因過於棘手，大家不願意去碰，而使問題愈趨複雜嚴重。政府理應有妥善的機制謀求因應，而非採駝鳥心態，一味的下達「由校長提報上來」的不合情理要求。二、課程的適時修訂：由於時代快速的變化，高科技資訊的發達，課程配合時代的需求，適時調整修訂實屬必要，惜乎課程修訂的機制過於緩慢，跟不上潮流。三、設備的除舊更新：近來學校數量日增，尤以新設大專院校如雨後春筍般的冒出為最，但教育經費因為失去了憲法最低下限之保障，導致教育經費日趨緊縮短缺，影響教學設備之更新充實至鉅。

新政府上台，社會大衆莫不寄予厚望，教育部新部長承受著來自各方投注的殷切眼光，根據經驗法則，若未提出一些新點子，易被譏為「保守無作為」。然，任何良好的政策，貴在具體可行。吾人殷切期待教改能回歸基本面，作好師資、課程及設備等三大領域之改革。扎穩基礎後，再推動已叫嚷多時並已具有共識的教改方案，而非好高騖遠，盡提出一些高不可及的新點子，捨本逐末，抑或本末倒置，以免事倍而功半。

（本文刊載於八十九年六月二十日《中央日報》）

教授治學應重於治校

近日因中興大學遴選校長事件，引起校長候選人的各自支持者，基於護主心切，互批攻擊，執詞之激烈與態度之粗魯，眞是斯文掃地。此一風波牽引了「教授治校」的問題，再度引起社會之關切。

「西方是西方，東方是東方」，這是名史學家馬倫（Malon）對東西方文化背景不同及國情環境有異，造成政治制度及人民生活方式不一樣的註腳。

「教授治校」這個原盛行於西方大學校園的名詞，自從李遠哲院長多年前在大學校園公開提倡後，又經報章雜誌大肆報導，便在國內各大學風起雲湧地盛行著。但是在實施過程中，由於參與者心態的偏差、規劃的不當、校園文化的差異，造成「教授治校」的理念發生嚴重的後遺症，無法落實於大學校園內。

大學教授的天職，主要在於「研究高深的學問」，除了要勤於治學，充實專業素養，以提升師資水平，進而在授業中對學生做「經驗傳承」，就像母雞帶小雞般的培育下一代，換言之，教師之職責在「既教書，更教人」。行有餘力，再將個人所學奉獻社會，這才是教授的正途。在西方有所謂「沒有著作就滾蛋」（publish or perish）的作法，但在國內的大學教授，終年提不出著作或論文的，大有人在，但也不至於受到任何處分或解聘，故養成部分不務正業的教授，一天到晚忙著在外面兼課、兼差及從事與教職無關的活動，結果不但誤人子弟，敗壞校風，還誤了教授的清譽。

如今由於「教授治校」的理念產生了嚴重的偏差，甚至走火入魔變成「教授鬥校」的現象。教授與校長處於一種對立的狀態，大學校長在校務會議甚至無法順利的主持，兼任院長、所長及系主任者，受到無情的攻擊批評。一些不知世故剛學成歸國的年輕蛋頭學者，在會議中質詢的態度氣勢凌人，消極性的攻擊有之，積極性的建言少之，各種非理性的言辭與行爲相較於立法院，則不遑多讓。

其實大學裡的行政人員，上至校長下至系所主任，不也都是「教授」兼的嗎？他們因在個人的學術專業領域有傑出的表現，又具有行政專才，始被延攬擔任行政職務。由這一批具有教授資格的行政人員來推動校務行政，不就是落實「教授治校」的理念嗎？若擔心行政工作做久了，會影響學術研究或濫用行政職權，則有「任期制」加以限制，由另一批優秀的教授擔任，隨時有新的成員加入，注入新的行政活力，發揮新陳代謝的功能，這樣的作法才是「教授治校」的眞正意義。

俗云：「橘逾淮則爲枳」，「教授治校」在西方大學校園中因運作良好，所以李遠哲院長才引進國內並加鼓吹，想不到竟因文化背景之不同而走樣，這是滿懷教育改革理念的李院長始料所未及。但願教授們本諸「治學爲教授之天職」，行有餘力則參與「治校」，不可存有「酸葡萄」心理，從事破壞性的批評校政，使教授的天職本末錯置，如此，不但造成校園氣氛之緊張，也給學生一種錯誤的示範。

所以在大學校園如何創造一個優良的研究與教學環境，塑造一個和諧的校園氣氛，這有賴於學校的全體成員，大家同心協力，才得以畢其功。大學是學術教育的最高殿堂，居於學術的領導地位，行政人員與教師們應本著「專業分工」的原理，教授在大學校園裡應扮演「治學」重於「治校」的角色。

（本文刊載於八十九年十月十九日《自立晚報》）

讓教育回歸基本面

異於衆多媒體競相報導社會新聞，唯獨《中央日報》仍空出大幅版面，發掘各校之辦學特色，從而激發學校間之觀摩切磋，取人之長，補己之短，使得各校力求進步，此一重視教育的編輯方向，在當今媒體經營劇烈競爭的情形下，委實難能可貴。

當初，教改在「鬆綁」大旗的揮動下，將重點置於提升學校自主空間及減輕學生壓力兩個主軸，前者使得「教授治校」大行其道，後者演變爲多元化入學方式。奈何由於制度設計之不夠周密，導致效果事倍功半。教授治校演繹延伸的結果是校長、院長及系主任等由普選產生，馴至部分教授熱中於校務的參與甚至干預，形成「治校」比「治學」

更興趣。而多元化入學管道，爲了要打破「一試定終身」的聯考制度，增加了推薦甄選、申請入學及基本學力測驗等，使原本想紓解考生的壓力，由於多重入學方式，實際變成「天天有壓力」。

其實教育要辦好，宜由汰劣存優的師資、適時修訂的實用課程、先進新穎的設備、人文美德的薰陶及優美清淨的環境等著手。環顧當下的多種教改方案，並未能眞正抓住上述重點，觸及問題的核心，實屬可惜。吾人殷切期待重視文教的《中央日報》能登高一呼，讓教育回歸基本面，奠定穩健基礎後，始從事枝枝節節的調整。

（本文刊載於八十九年十月十九日《中央日報》）

萬般教改莫如整頓師資急

自從教改列車啓動後，各種改革方案琳琅滿目，鏗鏘有聲。但細加檢視，諸多方案中眞正落實見效者幾稀，推溯其因，乃改革之優先次序錯置，導致捨本逐末，事倍功半。

在衆多教改方案中，著墨最少者乃師資整頓，偏偏教師又是改革的執行者，以致良法不足以徒行。整頓師資雖屬重要，但因其費時費力又棘手滾燙，人人不碰爲妙。爲呼籲關心教改人士之重視，筆者就平日觀察所得，信手列舉現存校園中有待整頓的師資問題來加以探討。

其一：以大學校園爲例，因受「教授治校」之誤導，使得世俗惡質的選舉文化衝擊純淨的校園，部分教授忘記學術研究的天職，變成「治校」比「治學」更有興趣，藉校長、院長及系主任之選舉，興風作浪，藉機需索，營私結黨，攻訐對立，干預校務，於是講究「純種」的學閥於焉形成。盱衡現行聘用教師須經過系、院及校務會議之「三級三審」制，校外優秀教師很難突破防線，尤以外籍教師爲然，凡此種種，以近日幾所國立大學校長遴選發生風波，足可證之吾言不假。

其二：教師熱中研究計畫，而疏於教學品質，目前各大專校院尤其國立大學，不少教授紛紛向國科會申請研究計畫，或在企業中擔任顧問及計畫主持人，計畫案件少則一件，多則七八件，美其名是爲了提高學術地位實則賺取外快，以至於無法提升關注教學品質，關心學生學習的成效。難怪校園倫理愈趨淡薄，師生之情日漸疏離。學校畢竟是教育單位而非研究單位，大學教師仍應以「教學爲主，研究計畫爲輔」，絕不可偏廢教學。

其三：政府本爲加速校園師資之新陳代謝，訂出「五十五歲優惠加級退休辦法」，一般稱之「五五專案」。豈料造成「劣幣驅逐良幣」的現象，優秀的老師受私校或私營企業重金禮聘，紛紛求去再創第二春，而留下來的大部分是等到屆齡才打算退休，只好過一天算一天的「數饅頭」。這也難怪時有所聞老師在教室上課時打手機操作股票，或熱中參與校外政治活動等行徑的報導，眞教人搖頭嘆息。

更嚴重的反淘汰情形是，中小教師申請退休不能完全如願，除台北市財政許可外，其餘縣市皆囿於預算無法全額退休，有意退休者須找門路關說，或鑽營縣市長送人情給民意代表的有限配額，造成衆多年老體衰亟需安養天年的資深教師無法退休，而現有八千多名已完成實習的教師無法分發，使懷著滿腔熱誠年輕力壯的教師無法進入學校，一圓「教育下一代」的美夢。

其四：明年（九十學年度）小學就開始實施鄉土語言教學，需要五千多位教師，爲因應此一龐大需求，教育主管單位急就章甄選數千名備用教師，僅實施七十二小時的母語教育，以及三十六小時的母語教學課程，在缺乏教育心理學及教材教法的充分訓練下，師資的水準及教學品質令人堪虞。

政府一再宣示重視教育，但教育預算不增反減。有識之士皆知「多蓋學校總比多蓋監獄好」。教育大計要有一套可長可久的政策，而優秀的師資才能確保教改的成功。師資整頓在在需要優裕的經費，以當下吵翻天的核四停建問題，只要省下賠償外商近千億元的一半約新台幣五百億元，從事培養優秀師資、加強在職進修、加速資遣不適任教師等，始能釜底抽薪，落實教改大業。

（本文刊載於八十九年十一月十日《中央日報》）

教育部宜公布評鑑結果

日前教育部因不小心「洩漏」私立技專院校八十九年度訪視評比結果，隨即引起評比成績不理想學校的一連串反彈，也引來部分與私校關係密切的民代在國會殿堂中砲轟教育部。令人訝異的是，教育部並未捍衛「評鑑應公布」的基本立場，反而要查辦部內沒有嚴密控管資料的疏失人員，吾人期期然以爲不可，並殷切期許教育部應藉此機會健全「評鑑公布」制度。

教育部實施大專評鑑，旨在深入了解大專院校預算和補助款執行情形，及師資、設備、課程等項目之施行績效，對教學品質做一整體綜合的考核，作爲教育部獎助金額、甚至升格改制及設系增班之根據。評比之運作過程，只要評鑑委員客觀公正有可信度，自可做出一個令人信服的評比結果，並對受評學校列出待加強改進的建議事項，作爲學校推動改善校務的重要依據。

評鑑等第的公布，其實質意義在於激發學校改善之動力，教育部除了對績優學校予以獎助外，對於待改善的學校應有輔導扶助之具體措施，並實施追蹤考核，促其迎頭趕上，才算落實評鑑之意旨。

近年來大專校院如雨後春筍般設立，看似高等教育蓬勃發展，一片榮景，殊不知「學校愈設愈多，學生愈來愈少」的情形日漸嚴重，隨著不久將加入世界貿易組織（WTO）後，外國大學紛紛登陸，大陸學歷又遲早會採認，對大專院校經營之衝擊更是雪上加霜，何不趁此機會建立一套評鑑公布制度，好讓考生作爲審慎選校的依據，也可激發各校建立特色向上提升，才能因應將來劇烈的競爭。

（本文刊載於九十年五月二日《民生報》）

教育品質需要合理學費

最近教育部將審議各公私立大專院校下學年學雜費收取標準。之前，民意代表掌握住「民意走向」，紛紛呼籲各校體恤經濟蕭條、失業率攀升等現象，學費儘量不要調漲。教育部長更挺身出馬進行「道德勸說」，要各校共體時艱，減輕學生負擔，藉副「政治正確」。

但，結果呢？頂尖而具規模的公立大學，如台大、政大、興大及成大等校，有鑑於校務基金自籌比例日漸提高，政府補助卻愈趨減少等因素，漲幅都是百分之五以上。相對的，私校僅元智大學調漲，其餘因面對招生壓力，寧可省吃儉用撙節開支而不做調整，此一反常現象爲歷年來所罕見。

學費調整幅度應取決於教育成本、物價指數、家長能力及政府負擔等。以現今台灣國民所得而言，學費標準較諸美、日等教育發達先進國家還是偏低。反觀彼岸大陸，自從改革開放後，重點學校紛紛竄起，隨著競爭劇烈，收費也跟著直線上升，邇來更在政府強力主導下，將數校整併爲一特色學校，政府則挹注數倍於一般學校的資金予以資助，其目的無非是在提升教育品質，以增進國際競爭力。

如今，政府信誓旦旦要自由化及國際化，盱衡台灣之競爭力，在天然資源普遍缺乏下，端賴教育之普及來培育優秀人才。欲提升教育品質，在在需要充沛的經費配合支持，政府既無法大量補助，爲免引發「既要馬兒好，又要馬兒不吃草」的矛盾，何妨放手讓市場競爭自成機制，如此才能迸出火花，汰劣存優，造就頂尖一流大學。

在「政治掛帥，選舉萬歲」的民主社會中，漲價幾乎被視爲毒蛇猛獸。學費之調整貴在「合理」而不在「高低」。爲確保教育品質的提升，建請政府組織一個包羅教育、經濟及會計等專家學者在內的專案小組，從事評估細算收費標準，供各校採擇並公諸社會，以取代每年各校絞盡腦汁自行估算的既有模式。

（本文刊載於九十年六月二十五日《民眾日報》）

高等教育發展之瓶頸與對策

台灣大專校院之數量，自民國七十五年的一百零五所躍升到九十年的一百五十所，而正在籌設中的大專還有十三所。而大學聯考的錄取率也自七十年的百分之十躍升到九十年的百分之六十。以校數增加的快速及考生錄取率的大幅提升，象徵了台灣高等教育的蓬勃發展。由數據而言，看似一片榮景，但值得吾人注意的是，量是增加了，但質是否有相對的提高呢？

隨著末代大學聯考的報名完畢，各大學院校爲吸收績優菁英，已開始紛紛推出獎勵辦法，有的動輒提供百萬元獎學金，有的送電腦、提供海外進修補助、學雜費全免、出國當交換學生、甚至保證就業等五花八門項目，藉以吸引打動學生的心。根據統計，今年國中畢業生已不到三十萬人，而三年後大專招生名額卻已超過三十萬人。在「學校愈來愈多，學生愈來愈少」的情形下，面對劇烈競爭，各校使出渾身解數，卯足全勁來吸納學生，實在值得同情。但以理想性見著的大學教育，竟以功利導向之商業手段，作爲競爭工具，作法實在值得商榷。

針對大專林立，生源日減之困境，大學經營如何突破瓶頸，筆者認爲宜從下列幾點著手：

一、塑造特色與樹立品牌

台灣綜合型的大學太多，缺乏特色的單科大學。尤以私立大專幾占三分之二，私校爲求生存發展而大量擴充，稍具規模者皆超過萬名學生，而公立學校早此時候因無自籌校務基金的壓力，而重「質」不重「量」，故公立大學超過萬名學生者反而寥寥無幾。當今之計，政府宜輔導辦學成本較高的科系由公立學校辦理，並區隔各校之屬性與特性，避免多層重複，珍惜教育資源，俾利營造各校之特色，而非任其漫無目標的惡性競爭下去。

二、策略聯盟增進競爭力

單打獨鬥，形成勢單力薄，而交叉互補共創優勢才是過量大專校院合作的趨勢，合作項目諸如：師生互爲講學選課、合辦學術研討會、合聘國際重量級知名專家學者、圖書與網路資源之交流，及兩校互爲觀摩評鑑等，都可以多方合作。如此策略聯盟既可資源整合與共享，強化學術研究水準，加強競爭力，可謂共生共榮之雙贏方案。此一聯盟合作對象，尤以區域性之建立最具可行性。

三、要邁向國際化

當今失業率攀升，有人說，假如國人能精通外國語文能力及嫻熟就職技能，就可人力輸出，紓解島內「人滿爲患」的嚴重現象。隨著即將加入世界貿易組織（WTO），外國學校必會紛紛登陸設校及招生，及大陸學歷遲早會被採認，台灣大專院校將面臨被「搶」學生的嚴峻挑戰。處此情境，台灣學校不能守株待兔，必須要「走出去」，與國際間的學校接軌，交換學生、交換教學資源，此舉既可拓展學生國際視野，培養學生國際觀，也可掌握日新萬變的資訊，營造國際合作空間。

四、可供選擇的多面化學制

由於全面實施週休二日，加上傳統產業的日漸式微，服務業已成職場之主流，在此新興環境下，造成一百多所綜合高中及職校設置觀光餐旅類科，爲接收此等類科的高中職學生，竟有三十九所大學院校設置觀光休閒系所。如此一窩蜂的投入此一領域，必造成將來學生畢業後就職之排擠效應，非但學生不能「學以致用」，又白白浪費教育資源。政府宜配合經建需求，營造多面向的課程與學習環境，分散人才之培育，以利「人盡其才」

教育爲百年大計，應有一套可長可久的政策，值此高等教育面臨經營之困境，如何因應輔導尋求對策，使各大專院校發揮特色循序發展，乃當前刻不容緩的嚴肅課題。

（本文刊載於九十年五月二十七日《中央日報》）

教師宜以志業為尚

教育部鑑於實施週休二日，影響學生上課天數不足，擬「縮減教師寒暑假」，訊息一發布，隨即引起基層教師之強烈反彈，甚至全國教師會也發表了措詞強硬的不滿聲明。對於部分教師之不滿與反彈，其心聲值得同情，但基於教育精神，此舉則值得商榷。

寒暑假之設立，除了配合季節給終年辛勤的教師休養調息之外，最重要的目的，在於提供教師有一個從事研究進修的時間，藉以充實自我，俾將最新的學識傳授給學生。但衡諸事實，不少教師用來從事與教育不相干的事宜，大大背馳寒暑假設計之宗旨。

學校的主體是學生，教育上種種措施皆以學生爲思量之重心。換言之，任何教育政策與改革莫不以學生之實際需要爲依歸。名教育家杜威說「有學生的地方就要有教師」，這是「生活即教育」的最好詮釋。推而言之，既然縮短寒暑假，學生就要返校上課，豈可無教師在校呢？

記得二十幾年前，台灣經濟起飛後，造就了不少成功企業家，這些企業家緬懷在日據時代中小學讀書時，受日籍教師之諄諄教誨及細心呵護，如今事業有成，懷念師恩，紛紛把授業老師遠從日本接來，「三日一小宴，五日一大宴」的熱情款待，回去時又是金戒指、金項鍊等豐厚禮品，以謝師恩。其中有一位學生還回憶說：「有一次大水災，老師背他涉過湍急的水流而永難忘懷」，言談之間，還充滿著感恩之情，所謂：「經師易得，人師難求。」

日本教師堅守崗位與安分守己之敬業精神，令人敬仰，其服勤之認眞態度，例如平日學生沒離校之前，教師都在學校照顧學生，學生下課後，就留校研究，及準備教學課業、批改作業的勤奮精神，難怪在日本社會贏得與醫師、律師等名望之士，同被尊稱爲

「先生」，人人敬重之情，可見一斑，此一充實自己、愛護學生之作法，值得從事教育工作者的學習效法。

「尊師重道」乃中華文化之精華，「安貧樂道」又是社會普遍對教師的期待，但隨著社會結構的蛻變，校園受到功利思潮之衝擊與影響，價值觀隨之變化，「清高」乃變成了少數具有良知的教師極力追求的境界。

深信大部分教育工作者當初選擇教育作爲生涯規劃目標，必有其崇高的理想。俗云：「教育事業乃良心工作」，既有當初的雄心壯志，既來之則安之，能視清高教育工作爲職業已夠令人敬佩，若能將教育當作終生志業，對自己而言更是一種昇華。

（本文刊載於九十年三月十七日《中央日報》）

從著短褲談師道尊嚴

日前看到高雄縣梓官國中一群教師穿著短褲、涼鞋出現在媒體上，對照新聞報導內容，畫面與其從事工作的性質極不同調，令人感慨良多。

傳統老師的形象，是肩負起「傳道、授業、解惑」的神聖使命。如今社會形態轉變，教育普及，從事教育工作者大量增加，雖不奢求扮演「移風易俗」的角色，但是作為學生、社會的表率，卻從來不曾改變過，這是現代教師的基本形象。西諺云：「怕熱，就不要近廚房」，老師對成長發育中的學子人格影響深遠，所以身爲老師，就得作爲學生的表率，否則就應求去。

曾幾何時，在純淨的校園中，竟也出現不少衣著不整、難登大雅之堂的教師！就如由媒體的畫面看出那一群穿短褲、涼鞋的男女散亂般站在一起出現，乍看之下，初以為是習以為常圍觀火災或車禍現場的販夫走卒，但經深入了解，才訝異發覺是一群教師集體抗議的隊伍，眞令人感嘆今日杏壇怎麼變成這般庸俗，尤其是女性應有的雍容端莊，不知到那裡去了！俗云：「人必自重，而後人重之」。師道尊嚴是先要自尊而後他尊，而教育的功能，原本是要「變化氣質」，如今看不到氣質，卻只見到沉淪的現象。

衣服除了禦寒蔽體之外，更是身分、職業及性別的表徵，所以在什麼場合、季節穿什麼衣服，對他人是一種尊重，更是一種社交禮儀。學校是社會中的一個小團隊，在講求人文精神的校園中，穿著整齊是起碼的要求，也是美學的重要意涵，更是師道尊嚴的象徵。

語云：「教育無他，唯愛與榜樣而已。」而學生在學習過程中，除了學校硬體設施之外，更重要的是教師舉手投足及為人處事的作為，皆是學生耳濡目染的學習內容，因此教師之一舉一動，不可不愼，正所謂「經師易得，人師難求」是也。

教師雖不必硬性規定穿著制式統一的服裝，但基於「欣賞自己，尊重別人」的前提，為維護教師形象，總有其整齊的尺度及美學價值觀。在神聖的杏壇前及清純的校園中，展現整體的美學精神，不但可以作為學生學習的標竿，也可為社會的清流表率。

（本文刊載於九十年九月十二日《中央日報》）

正視教師申退風潮

近年來台灣由於經濟景氣持續低迷，再加上一些政策反覆不定，所以無心於工作者日漸增加，尤其以教師行業者居多。據報載，僅以台北市而言，申請明年提早退休之教職員，就有一千七百多名，其他縣市排隊等退休的教師爲數也頗衆，此一不尋常的現象，値得社會大衆高度重視。爰經深入探討了解，之所以會造成教育界這種空前之異狀，推溯其因，約可歸納爲下列幾點：

一、近年來私立大專院校爲爭取升格改制，依規定須有足夠副教授以上之師資名額始能過關，在供需情況下，在公立大專院校服務的教師，有的因受到「五五優退專案」

的誘因，紛紛「轉換跑道」至私校，此舉既可享受與在職相差無幾的月退薪俸，又可轉職私立大專院校繼續任教，開闢職場的「第二春」，一份工作卻有雙重收入，難怪有此資格者群起效尤，一時蔚爲風氣。

二、由於民意高漲，校園生態丕變，中小學生愈來愈難教，教師稍有責罵或體罰學生，就隨時可能遭受家長找來民意代表興師問罪，甚至當面辱罵毆打。教師在此情境下，本應恪遵「管教合一」的教育原理，但爲保護自己，變爲「只教不管」的消極現象，大大違背「教育乃良心工作」的精神。在此等惡劣環境下，既無法實現從事教育的理想抱負，於是紛紛興起「不如歸去」的念頭。

三、九年一貫課程雖是教改之重要指標，主旨是要教師發揮集體智慧，從事課程設計及教材教法，發揮活化教學功能，立意至善。怎奈事前欠缺周全的配套措施，加上與教師職前原本所受的教學訓練差異甚巨而格格不入，導致教師感受極大壓力，產生嚴重挫折感與無力感。

四、政策混沌不明，資深待退教師人心惶惶。試看，從要取消中小學教師所得稅起，到近日報載：五五優退專案可能要取消，月退要延到六十歲方能辦理，甚至教師退休金優惠存款，要從年息百分之十八驟降爲現行存款利率約一．五倍（僅約百分之四點五，只剩原本的四分之一）等等。凡此種種與教師權益息息相關的訊息不斷出現，政府又遲遲未做澄清。大家又知道國家財政日漸惡化，將來多種優惠福利勢必打折，就在這種預期「先搶先贏」的心理衝擊下，造成提早退休的風潮。

任憑教改喊得震天價響，若未能引起實際從事教育工作者——教師之共鳴，從而全力配合支持，再好的方案也會事倍功半。如今，面對種種不確定因素的陰影，校園中衆多教師抱著「等待退休」的心態，資淺教師數著饅頭「熬」日子，如此豈能不直接影響教學品質，但相信這絕對不是「以教育爲志業」的教師們所樂意看到的。

教育需要有一套可長可久的政策，同樣的，對身負教育工作的教師們，也要有一套合理健全的權益保障制度，好讓他們全心全力的從事培育下一代的工作，因爲教師安心、決心而且心甘情願投入教育工作，這才是社會安定、國家進步的根本之道。

（本文刊載於九十年十月十九日《中央日報》）

大學追求卓越之瓶頸與突破

台灣加入世界貿易組織（WTO）之後，國外大學挾其優勢將可來台招生。尤其是大陸政策鬆綁後，學歷採認將可迎刃而解，在同文同種的文化背景下，語言無障礙、生活適應沒問題、學雜費較低、交通方便及名校不少等條件，台灣在學生來源日漸減少的情形下，可能受到上述因素之衝擊，對目前大學經營已現困境而言，眞是雪上加霜。

面臨二十一世紀的知識經濟時代，大學卓越與否在國家競爭力扮演著重要關鍵之角色，大學如何在現有環境下，突破瓶頸追求卓越，爰提出下列幾點淺見供關心高等教育者參考：

一、推動大學整合與校際合作

台灣學校之規模是「大學太小，小學太大」，以國立大學而言，僅台大、成大及政大等學校，學生超過一萬人，其餘皆爲中小型大學，質性也類似。學校之經營宜有相當規模，始能符合經濟效益，尤其在目前政府財政日漸惡化、預算緊縮的情況下，推動互補性高的大學合併，以利資源集中配置，做有效的妥善應用，始爲上策。大陸近年來推動大學整併與重點大學，成績斐然，值得借鏡。台灣叫喊大學合併早已震天價響，但迄今僅嘉義大學因政治的強力介入而成功外，其他有意合併之大學，因各校之辦學理念、歷史背景及校友反對等因素而受阻。因此退而求其次，大可推動國內外校際合作，在國內校際間如互選課程、交換師生、共聘頂尖重量級的大師等，以達資源共享。對國外，可參考新加坡與國外大學合作的模式，開拓國際合作空間。總而言之，爲擴大規模，整合豐富的教育資源，推動大學整合與校際合作，當可發揮相乘效果，使學生有更多元的學習環境，進而提升國際競爭力。

二、經費運用宜有彈性措施

歐美著名大學以私校居多，劍橋、牛津、哈佛、耶魯等校爲其中佼佼者，其所以能辦得如此出色，在於經費之籌措及運用彈性自如。以國內而言，公立大專校院幾已實施校務基金，但使用仍囿於諸多限制無法彈性活用，如私校法修正草案中放寬私校可投資企業與有價證券藉以獲益等，公立學校應可比照以壯大基金。中國大陸之「校辦企業」已成大學籌措經費之重要措施，如北大方正公司即爲其成功的範例。又如國際交流爲大學國際化之必要手段，但政府預算緊縮，學校所編的國外考察訪問預算被刪殆盡。如何使有限經費花在「刀口上」，宜請政府鬆綁，授權學校更大彈性靈活運用，使得來不易的校務基金發揮淋漓盡致的效能。

三、建構完善評鑑改進機制

美國每年公布大十大名校，各校（如普林斯頓、史丹福等）爲保持名列前茅的地位，莫不在師資、經營及課程等方面使盡全力。國內大學之評鑑已實施二十六年，素由教育部主導從事綜合性的校務及學門評鑑，其結果因牽涉對學校經費獎補助、增系增班及校譽等攸關學校發展，是故，曾因公布評鑑成績引起不少爭議。為使評鑑制度化並強化其功能，若能由社會上具有高度公信力的民間機構（如學會、學術研究單位）辦理，將評鑑結果提供學校改進意見，並加追蹤輔導，再透過後設評鑑，檢討各項評鑑的實施成效和問題，達到提升教育品質卓越化的目標。

四、產學合作建立雙贏機制

大學與業界實務經驗之結合與交流，能使產學資源產生互補作用。如學校可提供行政支援、專業師資、諮詢服務、研究實驗及能力訓練等，而業界則提供研究經費、技術人員、實驗環境及成果發表等。若能依此模式建立密切之夥伴關係，在業界充裕經費的資助下，由學校將研究成果回饋業界提升其生產力、競爭力及永續經營，相輔相成，各取所需，造成雙贏。此制風行歐美，因互蒙其利，績效卓著，尤以德國為最典型。

五、校園倫理亟待振興重建

有人批評時下大學教授「重學術輕專業，重研究輕教學」，尤以自從大學流行「教授治校」以來，應以治學爲天職的教授，變得對治校比治學更有興趣，更有的教授到處兼差，無法專心學術研究，識者皆知教學品質與研究水準是學生心目中尊敬教授的標準，由於師生情誼的淡薄，造成校園中師生缺乏良性互動，再因大學入學容易，學生素質整體下降，學生缺乏積極進取及創意思考能力。如何使教師發揮人師經師兼備之角色，激發學生努力向學，健全人格，進而有社會實踐能力，參與社會改革工作，實有賴校園倫理之重建。

六、國際交流擴增競爭能力

一個國家外籍學生所占比例多寡，可說是國力強大與否的一個指標。根據教育部資料顯示，來華攻讀學位之學生歷年來未超過一千人，相對的，我國出國留學的學生每年約近三萬人。相較之下，顯然「輸入」與「輸出」比例懸殊。高等教育全球化是擋不住的趨勢，爲加強國際交流，除了充實大學之硬軟體設備，提升教育品質以吸引外國優秀學生來華就讀外，聯合開設學程及建立雙聯學制，共同認可兩校課程與學位，皆爲可行之方案。此外，大學也應該積極培養具有國際交流合作能力的高級人才，參與國際學術會議，並鼓勵教授在國際會議上發表論文與增進交誼，開拓國際視野，帶動學生的國際觀，營造卓越的國際競爭力。

大學爲培育國家高等人才、提升學術及創新科技之園地，大學應具備創意及效率以累積國際競爭力，也是新世紀國家總體競爭力的重要指標。面對大學多元化、自由化及國際化的激盪下，如何釐定高等教育的發展策略，提供優質學習環境，使大學肩負培育具有創造力的人才，才能追求卓越，立足國際，領先世界。

不是每個學生都適合念大學

在「二〇〇一年教育改革之檢討與改進會議」中，中央研究院院長李遠哲先生說了一句：「讓高職成爲歷史名詞」，引發熱烈討論，並引起高職師生極度的關注與疑慮。隨著時代的潮流及產業結構的丕變，高職是否仍有存在價值，委實有加以深切探討之必要。

綜觀世界職業教育體制，除了美、加等國採取完全高中外，餘如德、法、荷等國家，甚至亞洲鄰近國家，如日、韓、馬來西亞等，仍然有高職存在。而台灣的高職在六〇年代扮演產業界的尖兵，協助創造「台灣經濟奇蹟」，曾引起外國教育人士的讚賞與肯定。

隨著知識經濟時代的來臨，技術人力素質的提升及廣設大學高中之政策，教育部於五年前著手將高職與高中七比三的比例，希望在後五年倒過來變爲三比七，但迄今推動的結果是高職仍占五五，高中才占四五，也因此教育部調整策略，朝向輔導高職轉型或整併綜合高中的目標邁進。

無可諱言的，由於技職校院大量擴增，以致考生錄取容易，現有高職生據統計有百分之八十五以上希望升學，大大改變了「以就業爲導向」的高職培育目標。

國家建設需要各類的人才，而人才的培育管道須有功能多元、多類型的教育體制，提供不同性向的學生選擇。基於適性學習與尊重家長的意願，保留高職供有志專精技藝的學生一個選擇，仍有其必要性。

教育的主要目的，在於提供產業界需求的人才，在供需失衡下，自必產生市場自然調整功能，而高職若須以另一種形態發展，政府宜有全套計畫性、系統性的規劃與輔導，才能「水到渠成」畢其功於一役。

今年公私立高職已有招生不足的現象，「廢高職」效應勢必影響明年考生的預期心理，對高職而言可謂雪上加霜。是故，殷切期望政府宜速釐清政策，使方向明朗化，俾家長和學生有所期待與遵循。

（本文刊載於九十年十二月十九日《中央日報》）

校園撒紅包之省思

近日看到媒體報導，新開幕的大型商場為招徠人氣，發明從空中大撒紅包之噱頭，果然大批人群麇集搶成一團。又重新開幕的旅行社，如法炮製，撒下旅遊券及代金折價券，仍然造成轟動。但從畫面上看到老少搶紅包，奮不顧身，以致造成互相推擠踐踏，甚至受傷，目睹此一情景，眞是令人無比感慨！

工商社會的極致造成功利思潮的興起，人類的價值觀也隨之丕變。撒紅包的舉動看準人性對金錢的貪婪念頭，但是卻踐踏了弱勢人群的尊嚴。商場為圖生意之開展，出此手段還無可厚非，但發生在教育場所的學校，就有商榷的餘地。

報載：南部某學院爲了提高學生參加週會的興趣，竟然突發奇想祭出撒紅包的法寶，果然出席率打破以往紀錄。據描述：當天一早學生們就聚集在一起交頭接耳討論戰術，也選定了攔截紅包最有利的地點，有的拿小水桶、垃圾桶、雨傘，甚至數人合力拿一面大漁網張開，企圖「一網打盡」。

更不可思議的是，爲使「肥水不落外人田」，還派出系上學生幹部維持秩序，以防止外人侵入搶紅包。事後搶到紅包的學生，個個喜出望外，既刺激又豐收，直說這樣的週會學校應該多多舉辦。

多元化的社會，帶來目不暇給多樣化的奇奇怪怪行爲，導致價值觀分歧。準此以觀，只要求「新」求「變」，便會吸引社會大眾的注意力與興趣。其實，傳統社會中的勤儉純樸、安分守己等行爲，不管社會再多變化，這些傳統社會中的主流價值，仍是放諸四海皆準而顛撲不破的普世價值。

校園原本是社會淨土的最後一塊堡壘，雖然未必能完全發揮「移風易俗」的影響力，但是堅守一些普世價值卻是最起碼的要求。如今卻發生校園「辣妹大跳脫衣舞」、

「週會大撒紅包」等違反常理的活動，這些怪異的現象，大大扭曲了教育的功能，委實值得每一位教育工作者深思並力求改善。

打開技職教育的活路

我國技職教育的體系，以縱度而言，由高職、專科而至技術學院、科技大學，構成循序漸進一脈相承的完整一貫架構。另以橫度而言，多達近百種類系科的範疇，堪稱舉世無匹的多樣化技職教育的領域。

正因其體制完整及涵蓋領域廣泛，在七十年代左右提供了產業界及國家經建充沛的人力資源，扮演了創造「台灣經濟奇蹟」的重要角色，也使外國如英國、沙烏地阿拉伯、南非及韓國等很多國家，對我國技職教育功能的讚賞與肯定。

月前在「二〇〇一年教育改革檢討改進會議」中，由於中央研究院李院長遠哲先生一句「讓高職變成歷史名詞」，而引發社會熱烈討論，迄今似已形成共識，廢高職牽涉範圍過大，茲事體大，爲尊重學生之選擇意願及其實用性，就讓市場功能調整其存廢。

換言之，由市場功能決定其存廢就是任其自生自滅，漸行枯竭萎縮。面對高職迄今仍占高中職校的半數以上，又是技職教育體系之基石，絕不能任其自行萎縮，而是要有系統性、計畫性持續的輔導（如學校轉型、教師專長之再訓，練及學生之心理期待等），使其與全面的教育體制接軌。

因應知識經濟時代的來臨及世界貿易組織（WTO）之衝擊，技職教育要與普通教育區隔，發揮特色走出自己的一條活路，筆者認爲應從下列幾方面著手：

一、技職教育的確切定位

被稱爲「第二國道」的技職教育原本有很好的分工，即高職培養基礎人力，專科培養中級幹部，而學院大學或研究所培育高級人力。但如今隨著社會結構的變化，價值觀的分歧，高職生百分之八十五以上希望升學，而專科追求升格爲學院，科技大學競相朝向綜合型大學邁進，完全扭曲了以實務為本位、以就業為導向的教育目標。為釐清技職教育之使命，發揮其獨特功能，尤其是科技大學之研究所仍要以實務之研究為主，才不會偏離主軸，試想科大之學術研究能超越以學術研究為主要目標之台大、清大與交大嗎？

二、加速推動整併或策略聯盟

面對加入世界貿易組織之衝擊及將來開放三通所帶來的環境變化，唯有將互補性質的院校整併或聯盟，朝向精緻化、多元化、實用化及國際化的目標前進，才能提升競爭力，立足世界。

三、加速「技術及職業校院法」之立法

說來諷刺，占大專校院六成以上的技職校院，其推動校務之法源迄今仍比照大學法，而技職教育之基本法還在立法院排隊，寄望「技術及職業校院法」能快速立法通過，使技職校院之發展有所依據，大力推展，畢竟技職教育與普通教育的目標及方向是不同的。

四、修改「大學及分部設立標準」

依據該標準，技術學院要升格爲科技大學，比照大學法須有三個學術領域及十二個系所，導致欲升格改制的技術學院必須拼湊一些不是該校特色的系所，才能達到升格標準，大大模糊了該校原有的特色。我們可以參改日本的工業大學、醫科大學及商科大學等單科大學，在單一專業領域下，吸納專業精英，營造學校獨特風格，唯有如此，才能發揮技職教育「以專精傲人」之特色。

五、將技教轉變爲輸出產業

前述我國的技職教育曾贏得外國的青睞，如哥斯大黎加因教育部毛前部長高文出任駐加代表時，促成由台灣科大協助加國成立一所技術學院，績效卓越，其他如南非及沙烏地阿拉伯等國家皆有此要求。月前由外交部的協力組織「國際合作發展基金會」，應南美、非洲及加勒比海等友邦三十八個國家之要求，委託高雄餐旅學院代訓這些國家的觀光從業人員，由於互動結果良好，近日已接獲外交部轉來的公文，已有數國政府要求餐旅學院至該國設立分校，或繼續代訓工作。準此以觀，憑我國多樣化的技職教育項目，針對不同友邦的個別需求提供協助，既可鞏固邦誼，促進外交，尤其是未開發國家為然，也可使技職教育變成國家重要「輸出產業」。

俗云：「危機就是轉機」，技職教育面對知識經濟時代的來臨及因應世界貿易組織之衝擊，若能重新定位，調整腳步，修法立法，去蕪存精，加速整併發揮特色，蛻變為既可滿足產業界人力需求，又可輸出支援友邦國家，為技職教育開闢一條活路。

（本文刊載於九十一年一月九日《中央日報》）

國立大學校長的作爲與無奈

近年來由於中央政府財政拮据預算緊縮，加上國立大專校院增多，導致爭取硬體設施經費（會計項目稱爲資本門）非常不容易。既然預算得來不易，怎麼會執行不力呢？報載清華大學劉校長及藝術大學邱校長，因預算執行不力，被記大過乙次，這一嚴厲處分，對在校園中處處講求爲學生標竿人物的校長而言，實是非同小可的重大事件。筆者願就實際執行預算所遭遇的經過略述一二，俾社會大眾有所了解，也爲兩位校長說句公道話。

大學校園自從興起「教授治校」及「校園民主」以來，教授的自主性高漲，尤以校長已非官派而經選舉產生，而因選舉帶來的對立、派系及學閥，在校務推動上難免受到掣肘，尤其在大學最高權力機構的校務會議上，有的大學在會議進行中所發生之杯葛、清點人數及檯面下之交易，比起吵鬧不休的立法院實在不遑多讓。校長的權力幾乎被架空而難有所作為，這也難怪教育部深知校長「無權有責」，而要修訂大學法提高校長的權力，俾權責相副，落實校務之運作。

至於預算執行方面，校長為實現其施政理念，通常是按計畫編報預算，經教育部審議，獲得立法院通過後，本應依計畫逐步實施才對，但其中潛存諸多不確定的因素，比較大的變數有：

一、依採購法之規定，興建硬體設施，超過一定額度的工程，如大樓、水塔及游泳池等，先要公告一段期間，開標之日，若未達競標廠商數目或流標，還要再公告，耗日費時，施工日期就此延宕耽擱。

二、由於經濟不景氣，廠商競爭劇烈，其中體質不健全的廠商削價競標，為何低價獲標而「飢不擇食」呢？乃因取得公家機關的合約，就可向銀行貸款融通，以度過周轉難關。有的廠商俟標到工程之後，隨即提出變更設計之要求，便利追加預算以求彌補，若不得逞就任意停工或宣布倒閉，蓋廠商看準公家機關之規定僵化，若依約解約或打官司等，過程繁雜，嚴重影響預算之執行。

三、土地取得不易、環保評定費時、特定委員會阻撓及地方政府發照延遲等，皆爲不確定的因素，因施工的流程須具整體性，環環相扣，其中一環稍微唐突，就拖累整個施工計畫動彈不得。

四、學校缺乏專業工程人才，學校係一學術研究及教學場所，工程非教職員之所長，組織中雖有營繕組之編制，但其單薄的人力及專業經歷，實不足以因應複雜的社會環境，特別是，時見報導工程承辦人員因手續不完備或有圖利他人之嫌，而被檢舉糾正或受處分，更使得負責人員瞻前顧後，小心翼翼以明哲保身，從而影響工程之進度與品質。

大學校長除非是學工程出身，否則對興建硬體設施都是門外漢，對工程施工難有切入之能耐與掌控，唯有全盤信賴總務人員外，別無他法，但一旦出事，校長須負起最後之責任，衡情論理，實在不太公平。

綜觀所述，大學校長素為學術界清望之士，為展現辦學理念而就校長職位，沒想到因預算執行不力而遭開鍘，實在冤枉，此純為結構性的問題，非關校長之能力與操守。寄望教育部藉此機會做深入檢討，釐清校長應有的責任，俾讓校長專心一志致力於校務的推動。

析論校園中潛存之危機

報載彰化縣明倫國中兩名學生毆傷老師駭人聽聞的消息，老師堅持提出控告，師生勢將對簿公堂，校園倫理淪落至此地步，令人無比感慨！

受到民主開放社會氛圍的影響，及澎湃功利思潮的衝擊，原本應是純淨的校園生態隨之變化，基本上應是師生良性互動培育人才之杏壇，如今卻存在著諸多令人憂心的危機。

國民中小學是義務教育的範圍，為求普及化，學校無從選擇學生之外，還要保持一定比例的就學率，也因社區化，學校為求融合社區為一體，學校行政及校務推動，難免受到地方主政者及民意代表之干預及糾葛。

國民中小學生的年齡層是最需要管教並重的年紀，但因子女寶貝及民意高漲，有時老師在管教分際失準時，就會惹來抗議、責罵、被摑（毆）等，甚至當著學生面前受辱情事，屢在校園發生，爲求息事寧人，有時老師還得道歉了事。面對種種現實的不合理態勢及環境，難怪有的老師在灰心沮喪下，只盡半份職責——只教不管，有的乾脆興起「不如歸去」的念頭，提早辦理退休。

九年一貫課程的實施使得很多老師無法適應，再加上在家長百般呵護溺寵下的學生管教不易，又隨時可能遭受侮辱，尤其是看到退休同事過著「週休七日，坐以待『幣』」神仙般的日子，又面臨「五五專案」、年息百分之十八優利存款及月退年齡延長等，將取消或折扣，不利切身權益流言的預期心理影響，而益增退休的念頭。據報導，單以台北市而言，去（九十）年就有一千七百餘名教師申請退休，其他財政不佳的縣市，數以萬計的教師排隊待退，但能順利退休者不到十分之一。

至於高中職方面，高職校數比例仍高於高中（五五比四五），本以就業爲導向的高職生，超過百分之八十五志願升學，造成學校上課時，仍須依照部頒課程標準「按表操課」，另一方面學生則到校外上補習班準備升學。長遠而言，高職將輔導轉型爲綜合高中，資深的教師待退過日子，資淺的教師心裡恐慌，須面對第二專長的挑戰或被迫遣退。而以升學爲導向的普通高中，仍承受以升學率決定學校良窳的壓力，尤其是明年「社區化高中」後，明星高中所面臨的考驗勢必更大。

由於精省的緣故，原有省立學校全部改屬國立。據報導，因中央財務緊縮及地方均權等因素的考量，要將其改隸屬縣市政府，此一傳聞又未獲政府確切有力的釐清，高中職教師紛存早退念頭，否則屆時回歸地方政府，財務不佳申退不易，平白損失「全身而退」的良機，又要面對地方民代的干擾。此一衆多教師失去熱忱鬥志待退的現象，堪稱爲教育界的嚴重隱憂。

決定教育成功與否的兩大要件是，有好老師與好學生，盱衡今日校園，嚴師已不多見，學生不易管教，又學生大都「學習爲考試，考試爲升學」，整個教育失去了應有的目標與方向，究竟我們要把下一代的子弟教育成什麼樣的公民，委實値得大家一起來深切的思考。

（本文刊載於九十一年一月十九日《中央日報》）

大學校園之隱憂

日前兩位大學校長因執行預算不力被教育部記大過，這一嚴厲處分，引起社會大衆對大學事務深切的關注。隨著時代的變化，大學已不再是關起門來辦學的象牙塔，而變成須與社會融爲一體的單位。

大學校園自從興起「教授治校」以來，從系主任、院長以至校長大都由選舉產生。有選舉就有競爭，有競爭就有對立，以致造成社會上選舉的惡質文化，諸如黑函、攻訐、請客等花招紛紛發生在校園，這些選舉怪招嚴重污染了學校純淨的環境與生態。

校長普選最嚴重的後果是，選舉造成對立、派系甚至學閥。依據大學法，校務會議爲大學最高之權力機構，也因此有的大學校務會議中，反對派操控抵制所發生的杯葛、清點人數及檯面下交易等招數，比起國會殿堂吵鬧不休的立法院不遑多讓。此一現象衍生出，本應以學術研究爲天職的大學教師，卻變成治校比治學更有興趣。

大學之可貴在於各大學有其獨特理想的辦學目標，但在民主假象虛胖的氛圍下，大學之理想性喪失殆盡。教授不像外國上等大學，一年半載沒有一篇像樣的論文或一份具體的研究成果，就得有被炒魷魚的心理準備，但在台灣衆多教授無此壓力，推溯其因，最主要是角色的認知，缺乏自我提升的動力，審視現有「齊頭平等」的制度下，表現優劣與否無關緊要，只要大過不犯，誰又奈何他？因此在大學中殊少有解聘之情事。另因感受不到來自學生敬重與輕藐的壓力，尤其是大學生的求知慾普遍不強，造成素質日漸低落。

有人將現今大學校園生態比喻如「神仙、老虎、狗」，學生像神仙，學校主體是學生，事事爲學生著想，處處爲學生設計，教授像老虎，高高在上，批評指責頤指氣使者比比皆是，校長像狗，看守學校，推動校務任勞任怨，還得逆來順受來自師生的批評指責，這也難怪教育部要修訂大學法以提升校長的職權，使其權責得以相符。

在大學校園中最令人羨慕者，為專任教授（俗稱陽春教授），既不想兼行政工作，甚至不願擔任導師，以免受到約束羈絆，一週上不到十節課（按教授基本時數為八節課），有辦法的教授甚至可以將課程集中在一兩天之中，有課才來，沒課回家，優游自在，有人暱稱作令人羨慕的「休閒行業」，衡諸現狀，此一稱謂還滿貼切。

理想中的大學校園是，師生有良性互動，教授扮演經師與人師兼備的角色，教授的高深學問與為人處事的風範，足以春風化雨教化學生，但如今連導師都不想做，即使當了導師，有的甚至有名無實，未盡全責。至於學生，讀書本應為最重要的事務，但因受到現實社會功利思潮的影響，一切以功利為尚，價值觀混淆，變得很勢利，大都失去了正確的努力方向與人生觀，凡此種種充分反映出校園不正常的生態，堪稱隱憂。

教育是需要執著的，對的事就要堅持，由於民主開放社會的氛圍衝擊校園，學校若不堅持很容易扭曲其決策，就以素負盛名的台大而言，學校為上足授課時數，本來決定取消春假，此一為學生著想的措施，學生竟不領情，在群起反對之情形下，學校竟然改變決定，順應學生之要求恢復春假，此一事例，顯示學校放棄原則，而學生缺乏求知慾與上進心。

教育部長又換人了，十年不到就更換七任部長，教育缺乏一套可長可久的政策，近日行政院高等教育宏觀規劃委員會也召開首次會議，討論如何挹注經費鼓勵整併，以期大力提升大學素質，增強國際競爭力。夫不管部長爲何人，會議怎麼開，若對於潛存在大學校園中的諸種隱憂危機無法破解，有效對應，而寄望追求卓越，提升優質的高等教育，衡情度理，實屬空談。

（本文刊載於九十一年一月二十五日《中央日報》）

深耕與豐收

——學生海外參訪實習媒體團隨行有感

鑑於餐旅教育具有全球性的特質，於是在設校之初，即有學生赴海外參訪實習之構想，藉以拓展學生國際視野，培養學生國際觀。但十年前的時空環境實不易實現此一構想，因此於行政院做設校計畫簡報時，部分與會人員提出「未服役的男生在海外跳機怎麼辦」「龐大旅遊費用如何籌措」等，後以具體說明完整的配套措施，才克服種種困難，順利實施此一全國首例的全體學生於畢業前須完成的「海外參訪實習」。

為確切落實真正的海外參訪目的，主題名稱定為「探尋之旅」，意味藉著旅遊的過程印證探討所學，並須尋覓啓發新的創意，是故，實施的精神是以「學習爲主，旅遊爲輔」爲原則。

旅遊所需費用乃集於學生校外實習期間，將其薪資中的一部分匯回學校專設帳戶。此舉既可培養學生良好的儲蓄習慣，也可藉由「聚沙成塔」的教育方式，成就重要學習目標。學校爲愼重其事，不但成立海外參訪基金管理委員會，也物色健全可靠服務優良的銀行儲存基金並生息，屆時結算如數分享學生。

爲使參訪過程順利，研發處詳細規劃行程，並於行前舉行研習會，藉以加強國際社交禮儀及熟悉參訪國家之歷史文化背景，此一刻意安排，莫不掌握學生出國前機會教育，其中最主要之重點在於全方位「安全」方面，例如健康、交通、錢財及重要文件等之維護，以期達到「快快樂樂出門，平平安安回家」之最高目標。

爲期學生海外參訪實習更臻周全，每舉辦完成一次就做一次檢討會議，不斷檢討，屢次改進，是故，實施愈來愈順利愈圓滿。

爲使此一全國首創的海外參訪成果展現於國人面前，特地商請有關長官及媒體記者隨行指導及採訪報導，使此一新穎的教學措施，廣爲社會所肯定與贊許。

回顧學生海外參訪實習，業已實施十次，綜觀其成果爲：

一、學生養成儲蓄之良好習慣，用自己辛苦賺來的錢，得以實現拓展世界視野、培養國際宏觀之宿願。

二、由於「走千里路勝讀萬卷書」，因親身遊歷體驗外國情境，得以「見世面，廣視野」，而使人格變得更加成熟穩健。

三、在參訪過程中了解他國餐旅學校之設施及環境，本校比較起來毫不遜色，甚至有過之而無不及，學生對自己產生無限自信。

四、由於餐旅教育係一尖端前瞻的教育，也是極有挑戰性的工作，藉由師生的海外參訪，得以「取人之長，補己之短」，切磋激盪，使本校教育水準得以與世界接軌而保持平衡。

五、透過參訪廣結姐妹校，加強學術交流，拓展國際合作空間。

總而言之，追求卓越是本校發展的目標，學生海外參訪實習期間表現優越，是故頗具斐然成果，但願繼續檢討改進，更加發揚光大，以落實學生海外參訪實習設計之當初意旨。

（本文刊載於九十年三月二十九日《國立高雄餐旅學院校刊》）

恢復聯考又何妨

廢除聯考之主要目的，是要減輕學生課業壓力及消除明星學校之迷思，但是實際的結果卻不如理想。

以往聯考最受詬病之處，在於「一試定終身」，爲了紓解學生的升學壓力，希望透過不同多元角度，提供多重機會來選取學生，讓學生適才適性的發展，立意至善，是故將聯考廢除改爲多元入學考試方式，但實施的結果卻是，以往學生只要針對聯考好好準備衝刺一番，如今卻因大小考試都要併入升學成績的核計，形同聯考的次數增加，相對的，學生的課業壓力不減反增。尤其是各校推甄之日期、科目及重點各有不同，不但學生疲於奔命，家長受累亦多所奔波及支付很多額外的費用。

至於消除明星學校，實際上是各明星學校紛紛自定門檻，以過濾學生素質，藉以維持明星學校既有的形象。學生爲能進入心目中的明星學校，不但要應付各種既定的學科考試，還要有參與社團的紀錄及服務成績，爲讓學生皆有服務表現，有的學校甚至用抽籤或輪流當班級幹部。至於將來將推動之社區化高中，鑑於以往國中社區化，爲就近入學轄區之國中紛紛遷籍之往例，造成事倍功半之結果，歷歷在目。衡之實際情況，說一句坦白話，再怎麼變革，明星學校（如北一女及建國中學）仍然可以招收到最優秀的學生。

有人批評聯考制度除了「公平」之外一無是處，其實任何制度最重要的蘊涵就是公平，試想，當今阿扁總統出身在佃農之家，就在以公平爲出發點的考試制度下，不須花費補習及額外支出而得享有高等教育的機會，尤其是處處講求人情鄉愿的中國社會，公平才是最重要的。

日前發生國中生因課業壓力過大而跳樓事件，又在立法院開議時，洪秀柱委員質詢，很多國三學生爲應付學力測驗，集體請假前往補習，使得預料中的夕陽產業——補習班，大發利市。

多元化入學考試制度構想頗佳，但其實施結果，課業壓力仍在，明星學校迷思未破，無論是民意調查或輿論報導，可以說是大部分持負面的意見，弊多於利，無法達到當初政策制訂之目的，既有如此紛擾爭議，宜做改弦易轍，但教育部一再表示「不走回頭路」。吾人之看法是，既然此一政策的承受者學生（據高雄國立鳳新高中針對多元入學新制做調查，有高達六成一的學生希望恢復聯考）、教師及家長等皆貶多於褒，不表支持，爲順應民意，維護受教權益，政策應有所更張，何況加入世界貿易組織（WTO）之後，教育勢須面對全球化，爲提高國際競爭力，藉機制定一套全方位可長可久之政策，來個政策大轉彎，恢復聯考，「朝令夕改又何妨？」

（本文刊載於九十一年五月十日《台灣新聞報》）

社會篇

微笑乃健康之利器

日本名諺：「一怒一老，一笑一少」，可見笑是有益身心健康。如何笑才能達到健康的目的，就必須要經過一番的學習與體驗，茲介紹有益身心的兩種笑法如下：

第一種是引笑：乃外緣引發的笑，是受外界情境所牽引發出來的笑聲，是被動的反應，正因其引自外界的自然反應，稍縱即逝，笑聲不會長久。換言之，對於健康的效果也較有限。

第二種是微笑：乃發自內心深處的笑，可以發揮情緒高昂、舒暢經脈及促進血液循環的功能。換言之，微笑出自心裡輕鬆、身心愉快情境下的產物，如能保持長久或較長的時間，對身心必有極大的助益。至於如何微笑，爰將個人的體驗分享給讀者。

作法是先坐在椅子（或沙發）上做數次深呼吸後，安定情緒，心平氣和的將雙手自然置放於兩大腿近膝處，兩眼微閉，氣定神閒地回想一些美麗與得意的事情，自然而然使自己自發地笑起來。

由於微笑是發自內心自然的流露，毫無做作，繼而帶動眉宇臉部間的溫和振作，精神顯得抖擻有勁，正因其自發性，由內而外，由上而下，感應全身，若能持續一定時間，心中的壓力因得到紓解而煙消雲散，必可裨益身心。

世界著名希爾頓旅館創始人希爾頓（Conrad Hilton）先生說：「微笑是通行世界最有效的利器」。證之現已成爲職場主流的服務業，其從業人員人格特質的信條是「眼明手快，彎腰微笑」，可見微笑不但有益健康，更可促進良好的人際互動。

微笑既是健康的一劑良藥，也可改善人際關係，更是溝通協調解決問題的一大利器，俗云：「伸手不打笑臉人」，更可「一笑泯恩仇」。笑，是人人皆會的，也是處處可見的。如何因不同人、地、時而發出適當的微笑，須自行體會而力行，心動不如行動，現在就微笑一下吧！

（本文刊載於八十九年七月六日《自由時報》）

以觀光爲策略帶動「海洋首都」之發展

——樂見高雄觀光季開鑼

據報載，高雄市將於七月八日起，展開今年的「高雄觀光季」系列活動，適值去年九二一大地震造成中部地區觀光事業幾乎萎縮停滯的情形下，高雄市觀光季之啓動，不但可以彌補中部地區之缺陷，藉此機會吸引國內外觀光客來「高雄一遊」，不啻是高雄發展觀光事業的一大契機。

如何整合高雄地區的觀光資源，帶動「海洋首都」之發展，筆者認爲宜有下列六項措施：

一、有效整合與開發觀光資源

高雄蘊藏著豐富的觀光資源，可惜的是，缺乏有效的整合與系統的開發。它具有山（壽山、柴山）、海（港口、旗津）、湖（澄清湖、蓮池潭），有多家五星級大飯店及達到世界水準的百貨公司，其他如國際機場、國際海港及摩天大樓，又有中鋼、中船、中油等世界級的大企業體等，凡此種種皆具可看性及可玩性的觀光景點。若能再規劃美化市區大量植栽，使其花木扶疏，藝術景觀雕塑等點綴其間，把高雄包裝成裡外一致、頗具人文氣息的漂亮大都市，更具吸引力。

二、建立帶狀的大高雄觀光區

依據統計，外國觀光客遊罷台北故宮博物院、花蓮太魯閣及台中日月潭等幾個據點後，七人中才有一人到高雄。若能整合大高雄區的觀光據點加以連線，如：住圓山飯店，遊罷澄清湖後再往市區觀光，繼之渡輪過港，後在旗津海邊公園品嘗生猛海鮮，並遊高雄港。之後一路沿著海岸線欣賞南國風光及未受污染的大鵬灣、白沙灘、龍鑾潭賞鳥到墾丁國家公園等，一氣呵成。此一帶狀連鎖觀光，風光明媚又具當地文化特色，實是一趟豐富知性之旅。

三、舉辦大型活動以廣招徠

可以爭取如扶輪社、獅子會、青商會及同濟會等地區性或世界性大會在高雄舉行。又可藉舉辦大型活動，如汽車大展、選美大賽、運動項目等，以吸引來自世界各地的人潮。此舉既可招徠觀光客，並可提高世界性的知名度，達到宣傳大高雄的目的。

四、開闢多元化的觀光項目與營造旅遊安全的環境

觀光客的興趣是多樣化的，有的喜歡欣賞風景，有的重點放在購物，有的愛好藝術宗教等不一而同，爲迎合不同觀光客的胃口，如何開發當地的特色，加強藝文活動，美食小吃，廟宇及可媲美台北華西街的六合路夜市盛景等，皆可發揮它的功能。觀光客花

錢旅行，從事休閒活動，莫不追求旅程中的安全、舒適及便利等目標。所謂「快快樂樂出門，平平安安回家」是其指標。是故，疾病疫區之解除、交通秩序、治安良好、生態保護、噪音管制、空氣品質、垃圾處理及通訊便利等，唯有身心感覺舒暢，才不會使旅客裹足不前。

五、鼓勵民間參與以補政府之不足

觀光策略的研訂及執行，在在需要人員與經費，現有負責推動高雄觀光事宜，屬於市府建設局第六科，編制及預算又有限。衡之實際，在精簡人事之政策下，要擴大人力物力恐有困難。因應之道，應研討辦法，鼓勵民間及法人團體合力參與，始為上策。

六、訓練觀光人才與培養待客之道

觀光品質之提升，端賴有素質優良的觀光從業人員。高雄餐旅學院為全國首創，也培育不少優秀人才，但卻因較少觀光事業工作機會，而很少留在高雄。透過觀光機會是增進國際了解及爭取友誼的最佳方法。「高雄人」如何提升自己爲一個善於接待觀光客的「好主人」，發揮南部人「海派好客」的港都豪邁性格，使觀光客感受到「賓至如歸」的溫馨而百來不厭，應是高雄市民應有的共識與努力。

觀光事業因係一「低成本，高效益」的產業，又是沒污染且可帶動許多產業發展的「無煙囪工業」，正因利多弊少，各國政府莫不全力以赴，使得觀光事業僅次於工商業而成爲世界第三產業。高雄市既擁有如此豐富的觀光資源，若加以有效的整合開發，透過活絡的觀光活動，打開高雄國際能見度，從而落實「海洋首都」的理念，是一項扎實而又可行的策略。

多吃少吃　少吃多吃

前黨國元老張群（岳軍先生），不但是位傑出政治前輩，更是一位養生保健專家。他生前自編一首膾炙人口的「養生歌」，歌詞爲：「起得早，睡得好；七分飽，常跑跑；多笑笑，莫煩惱；天天忙，永不老。」因內容淺顯易懂，實際受用，迄今仍傳誦不已。在他享年一百零一歲嵩壽的養生觀中，更有「多吃少吃，少吃多吃」如此頗富寓意的名言，値得現代人效法學習。爰援引並加詮釋以饗讀者。

所謂「多吃少吃」：意指放縱口慾，不知節制，暴飲暴食，囫圇吞棗，致使腸胃負擔過重，消化不良。如此肚子過撐，不但感覺不舒服也吸收不完全，無法供應身體所需營養，反而使腸胃器官功能失常。本想多享口福，沒想到因大逞口腹之慾而折壽短命，實得不償失。

至於「少吃多吃」，則是飲食有節有制，定時定量，從容進食，得以慢吞細嚼，並可體會美食口味，唾液分泌旺盛而均勻，不但腸胃負擔輕鬆，食物也得以充分消化、吸收來補給體內所需營養。根據醫學實驗發現，吃得少的動物反而長命，以此推論，節制飲食者，一輩子反而吃得較多，這也應驗古人所謂「每飯留一口，活到九十九」的金玉良言。

由於工商社會的發達，競爭激烈，功利盛行，帶給一般人生活上無窮的緊張及壓力。因此，有人提出「多吃才會有充沛體力」的錯誤主張，甚至倡言「靠吃東西紓解壓力」，凡此種種皆非正常的飲食習慣，適足以糟蹋自己的身體而已。

根據營養學專家楊乃彥博士指稱，要長保身體健康，就要注意「均衡飲食，適度運動，足夠睡眠及休閒解壓」，這四項保健要件，就如同汽車的四個輪子一樣，整體運作，缺一不可，這無異爲「養生歌」做了最佳的詮釋。

（本文刊載於八十九年七月十四日《中國時報》）

冰肌玉膚銀耳羹

年前巧遇摯友台北醫學院生醫研究所所長楊玲玲博士，經其傳授白木耳（另稱銀耳）的功效及煮法。食用以來，覺得口感至佳，又具促進食慾、生津止咳、安寧心神、補脾健胃等作用，爰特推介如下：

材料：銀耳十公克、百合四十公克、紅棗二十粒、水蜜桃罐頭、冰糖適量（此量約為四至六人食用）。

作法：

一、先將銀耳洗淨，於水中略放數分鐘吸水膨脹後，去除蒂頭，加兩杯水放入果汁機中瞬間打碎。

二、百合洗淨，放入清水中約一小時泡軟。紅棗洗淨後去核。

三、將打碎之銀耳、泡軟之百合、紅棗及適量的冰糖等材料，一起放入電鍋中，外鍋加半杯水煮至開關跳起即完成。稍待放冷，再加適量冰糖及切丁之水蜜桃，夏季可冰涼當沁涼甜點，冬天可熱食。若用燉鍋，則先用大火煮沸後，改用小火燉煮至百合熟爛爲止。

（本文刊載於八十九年八月一日《自由時報》）

矜持自在　無欲則剛

——側寫姚前署長高橋先生

爲應TVBS的《眞情指數》節目專訪姚前署長，承邀在節目中擔任「親友評語」角色，得以藉機略述結識交往經過，並申筆者對其敬佩之忱。

一、初次結識

七十五年十二月二十三日，台灣板橋發生「堂哥綁架殺害堂弟」駭人聽聞的社會案件。苦主之胞妹是我當年服務台南家專（現已改制爲台南女子技術學院）的同事，據稱，她家所奉祀的保生大帝顯靈指示，破案的貴人就在北部的某治安首長，後經打聽、了解及推斷，就是素有「鐵漢」之稱的台北縣警察局長姚高橋先生。

原先本人與姚局長素未謀面，只因當時擔任東海大學董事，校長則為警察界所敬重的大老——梅可望博士，言談間，梅校長常提起他的得意門生姚高橋是一位「鐵面無私，精明幹練……」之人，讓我個人印象深刻。

本人因不忍苦主之妹的焦急無助，便央請梅校長介紹，隨即陪伴苦主之妹，赴北縣警察局求見姚局長。姚局長雖在公務繁忙之中，馬上撥空接見，隨行同事告以「家姐獨生子被綁票，迄今未破案，生死不明，歹徒勾結黑道電話恐嚇威脅，苦主夫婦彷彿成了驚弓之鳥，帶著獨生女在台北市大飯店躲躲藏藏，心理緊張，壓力很大，不知如何是好……」。

姚局長聽完經過，以明快利落的口吻說：「馬上指派幹員赴圓山大飯店，接他們出來，之後二十四小時派人保護苦主安全」。就這樣救出苦主，得以消除恐懼安心返家，靜候案情之發展。

這件事的處理，讓我對姚局長「勇於任事」、「當機立斷」的霹靂手段，以及「人溺己溺」的菩薩心腸，可謂刻骨銘心，永難忘懷。

之後，案破了，兇手也伏法了，苦主爲離開傷心地而移民加拿大，但姚高橋常會接到他們的賀年卡或謝狀，感謝他救命之恩。

二、交往觀感

㈠「操守很好，鐵漢一條」，是社會一般對姚局長爲人處事的口碑。在十五年的交往過程中，深深了解其人格特質是「鐵面無私，堅持原則，說一不二，不妥協，不怕事，有事衝到第一線的人」，因對自己要求甚嚴，所以對部屬要求也嚴格。有時因求好心切，想要立竿見影，作風又是「賞罰分明」，導致部分員警大感吃不消，甚至埋怨。但對部屬福利之爭取及照顧不遺餘力，可以說是一位「望之儼然，即之也溫」的好長官。

㈡不斷的充實新知：常聽一些檯面上的政治人物說：由於公務繁忙，平時沒有時間讀書，等到退休後再來好好看一些書，殊不知當政者如果沒有新知及進步的觀念，就很難訂出有前瞻性的政策，所以「爲官時」才是最需要讀書的時候。姚局長在這方面可說是實踐、力行者，常利用時間讀書充實自己，以致時有新觀念及獨特見解的提出，相較於其他檯面上的政治人物較少時間看書，更顯得姚高橋在官場上的難能可貴。

㈢好人不寂寞：姚高橋是一位很會做事的人，而不是一位很會做官的人。人精明幹練，官運卻不佳，例如不分區立委，接下去就是他，但一直無法遞補上，然而他始終堅守崗位，一點也沒有沮喪的舉止。雖然如此時運不濟，警察同仁以及社會各界仍然給他很高的評價。比如說：國民黨十五全大會，他剛辭掉警政署長，仍高票當選競爭劇烈的中央委員。今年六月國民黨四中全會，海巡署長雖已卸任，仍高票當選中常委。印證了所謂「德不孤，必有鄰」的道理。

㈣全力爭取警察大學的改制：姚署長不但是一位傑出的警察，也是一位專心投入辦學有成的教育家，他曾擔任過警專及中央警官學校校長，在擔任中央警官學校校長任期內，經他的努力爭取，各方肯定他治校有成、績效卓著的共識下，中央警察大學在他手中順利升格改制，成爲一所培育警察精英的搖籃，此舉不但最爲警察同仁所樂道，也是他一生中最得意的一件事。

㈤無求品自高（無慾則剛）：有人說：「姚高橋若能態度妥協一點，身段柔軟一些，憑他的清廉幹練與絕佳口碑，要在新政府中圖個一官半職，絕非難事。」這種說法，實在是太不了解姚高橋的一貫風格與本性，若因求官「爲五斗米而折腰」，那就不是「鐵漢姚高橋」了。

㈥有他柔性的一面：姚高橋看似嚴肅，表面冷冷的，但他到高雄餐旅學院參觀指導時，學生大都認識他而向他敬禮，熱誠地跟他打招呼，他就笑容可掬的說：「我是專門抓強盜小偷，打擊犯罪爲民除害的」，學生聽了就投以佩服的眼光，他就很親切地關心學生的課業生活，跟學生聊得很起勁，足見姚高橋也有「鐵漢柔情」的一面。

總括而言，姚高橋先生是一位「鐵面無私，精明幹練，堅持原則，無慾則剛」另類稀有的政治人物。雖官運不佳，卻不影響社會對他極高的評價。

（本文刊載於《警光雜誌》）

加強餐飲衛生防止食物中毒

近日食物中毒案件頻傳，而六月至九月又適值最易發生食物中毒的季節。爲能有效防範類似案件發生，下列諸種作法值得加以正視。

一、提高消費者的意識

隨著要「吃得健康亮麗」觀念的興起，消費者逐漸重視食品衛生安全；但有待推廣。一旦消費大衆普遍對此發出強烈要求的聲音，就是激勵業界提升水準的最佳方法。

二、強化餐飲團體的功能

在加強餐飲從業人員職前及在職訓練方面，餐飲從業團體宜扮演更爲積極的角色，除著重烹飪技能之外，尤須注重衛生常識的補強，並從宣導個人衛生習慣開始。如勤洗手、重整潔，不吃檳榔及不抽菸，以免影響味覺加重調味料有礙健康，如此透過會員之切磋共勉，充實其餐飲專業素質。

三、落實烹調證照制度

政府雖有意全面推動，限於主客觀條件，迄今實際的餐飲從業人員，仍有半數以上未持有正式證照，必須再加把勁。唯有徹底落實證照制度，才能確保國民之飲食安全。

四、實施HACCP（Hazard Analysis Critical Control Point，危害分析重要管制點）

此制爲美國所發明，隨即風行歐美等地，其中日本實施得最徹底，甚至自創「食品衛生責任師」，負責嚴格掌控餐飲衛生安全，難怪日本是著名極少發生食品中毒事件的國家。

五、舉辦餐飲衛生評鑑

由政府自辦或委任特定團體辦理評鑑，賞罰分明，獎助輔導並進，並建立列管追蹤稽查監督機制，將評鑑結果定期公布，提供消費者參考，達到汰劣存優之目的。

近幾年來，台灣社會因外食人口驟增，食物中毒案件有增無減。欲期其徹底改善，端賴業界做好自主管理，政府強化宣導監督，而學校負責培育優秀餐飲人才，並提供專業知識。唯有透過產、官、學界「三合一」的充分合作，才能讓全面提升餐飲衛生，防止食物中毒的工作，得以畢其功於一役。

優質的旅程設計

七十六年台灣開放出國觀光以來，一時蔚爲風潮，雖然起初國人因不諳國際禮儀及不習慣旅行生活，而在旅程中鬧出不少笑話，但瑕不掩瑜，並不影響其調劑身心、見多識廣的旅行目的。尤其是到了先進國家，看到了像日本人守法的交通秩序、新加坡的整潔街景，基於「他山之石，可以攻玉」的學習精神，也興起了「日本（新加坡）能，爲什麼我們不能」的附加價值。

世界何其大，又想一次玩個夠，因此初期旅程的安排異常緊湊，甚至有的一天一夜匆忙地參觀一個國家，除了走馬看花之外，個個精疲力盡，導致有了調侃自己是「上車睡覺，下車尿尿，逛街買藥」。外國人更譏諷國人的旅遊習性是"Sleeping, Shopping and Watering"。此種旅遊的方式，實在談不上旅遊的品質。

隨著豐富旅遊經驗的累積，旅行社爲了因應國人的需求推出精華版，內容重質不重量，講究的是旅遊的品質。更進一步，推出自助旅行的配套行程，可謂旅行業界的創新舉措。

最令人嚮往的是個性化的定點旅遊，可以透過旅遊資訊的蒐集，選擇一處心目中喜愛的景點之後，商洽殷實的旅行社代購機票、代訂旅館及提供當地旅遊有關資料等，做一個完美的旅遊設計。

偕著志同道合的玩伴或攜手帶著心愛的另一半，下榻在預訂的旅館中，由於時間的從容及自我的安排，充分享受旅館中的各項措施，白天可擇優參加當地的旅遊團體或隨興的按圖索驥遊走景點，徜徉於優美勝景中，談心於鳥語花香間。戲水累了就在陽傘的遮蓋下，於游泳池邊睡床旁放置一杯（瓶）沁心的飲料，手捧一本喜愛的雜誌或書本閱讀，累了，可以小憩一番或假寐一陣，或是什麼事也別做，就在睡床上發呆或天南地北的遐思。夜晚在星光燦爛下的池畔用餐，或在燭光婆娑搖曳下晚餐……，這是一段多麼悠閒而愜意的時光。

有人給旅行下個定義是「花錢買快樂的美事」，其實可以更形而上的。試想：短暫的離開刻板的工作領域與一成不變的生活方式，在美好的時機場合，與至親好友共享時光，足可以獲得情緒的平衡及身心的調劑。

俗語說：「富過三代，才眞正懂得休閒」，這裡的富不只「物質」的富，更是「知識」的富，因爲旅遊除了一般的見解去觀賞風景，更是人文、天文方面最好的學習，尤其拓展眼界，享受世界多元、多采、多姿盡在周遭，才能打開心內的門窗。所謂「讀萬卷書，行萬里路」，即是最好的註解。所以旅遊是非常值得投資的活動，每個人都可以斟酌自己的條件，設計一次回味無窮的優質旅程。

（本文刊載於《觀光旅館雜誌》第四〇〇期）。

貴陽山水甲桂林

明儒王陽明對貴陽的描寫是「如浪捲，似濤翻，濤翻浪捲貴州山，望不斷，數還亂，不知山有幾十萬」。這一闋詞充分說明了貴州省是一處濤翻浪捲的「山海」，也是俗諺所謂「地無三里平」外的另一真實寫照。

民國八十九年八月二十四日至二十九日，在大陸貴陽師範大學召開「第八屆全國區域旅遊開發學術研討會」，筆者應邀參加，並在大會做一專題報告，幸蒙熱烈回響。大會安排貴陽地區之重點旅遊，因係初次旅遊貴陽，因此留下極爲深刻的印象，爰摘述幾點觀感如下：

貴州地處雲貴高原東部，境內地勢起伏，山嶺連綿，故有「山國」之稱。加上地表崎嶇不平之特殊地理環境，以致「冬無嚴寒，夏無酷暑」，四季如春的氣候，素來被譽之為一「天然大空調」。

貴陽是貴州省的省會。整個貴陽是山與水的奇妙絕配，天然資源把貴陽妝點成一座天然大公園。大會安排之行程多姿多采，旅遊點共有黔靈山、麒麟洞（囚禁西安事變要角張學良及楊虎城的地方）、甲秀樓、紅楓湖等名景，美不勝收，僅就其中三處做一描述。

一、黃菓樹大瀑布

水差近百公尺，故水勢洶湧波瀾壯闊，翻江倒海之磅礴氣勢，十分可觀。遊瀑時適遇細雨紛霏，瀑布激起的水霧，在和煦陽光照射下，化作一道五彩繽紛的長虹，更添詩情畫意。曾有詩句如此描繪：「飛流直下三千尺，疑是銀河落九天」，充分勾勒出黃菓樹瀑布雄偉壯闊的情景。

二、龍宮溶洞

位處安順縣，由於石灰岩地的發達，形成了奇妙的洞穴，洞內岩石千姿百態，如花似錦，各有奇趣。已開發的洞長約一千公尺，在這範圍內，有瀑布、暗湖、奇洞及各種形狀的奇石，使得瀑布的動與湖水的靜，明麗的湖水與水邊的岩石，成了動靜明暗的對比變化，天工巧奪，恰似仙景。有人說：「陽朔是桂林山水之仙景」，筆者以爲「龍宮是貴陽岩石之仙景」，美景當前，令人嘆爲觀止。

三、織金岩洞

因位處織金縣而得名。貴州溶洞以發育完美、類型齊全而馳名，加上所轄腹地廣闊，展現著各種不同風貌，形成完整的高原洞穴體系，絢麗多彩，因而有「世界溶洞博物館」之美譽。洞中陰冷潮濕，但琳琅滿目的卷曲石、水母石及銀耳石等，被賦予各種形意的名稱，諸如：玉觀音、布袋和尙、老鷹、葡萄串及透明石筍等，莫不蔚爲奇觀。

其中尤以高達十二公尺的「銀色聖誕樹」，樹型酷似眞物，昂首挺立最有看頭。

貴州省另一特色，是境內擁有衆多不同的少數民族。爲數約有二十個民族之多，猶如一大熔爐，各族皆有其民俗及文化特色，展現「三里不同風，五里不同俗」多采多姿的高原風情畫，也因節日集會多，而有「大節三六九，小節天天有」的俗諺，平添無限吸引遊客的魅力。

貴州同時也是文明的發祥地，從而在歷代文化史上也寫下輝煌紀錄，如明儒王陽明曾被貶謫落腳貴陽，致力研究學說並設館講學。筆者之前對「知行合一」有所涉獵，此次能親臨館地舊址，瀏覽王陽明文物陳列，並瞻仰巨大白色雕像，感受文風，眞是平生一大快事。

位於中國之西南部的貴州，憑著得天獨厚的天然美景及文化特色，構成了豐富的旅遊資源，若能從加強系列開發、培養旅遊人才、整頓衛生環境、大力宣傳促銷及營造熱誠待客等方面著手，假以時日，必可使中國大陸之旅遊事業更創高峰。

周全規劃接待大陸觀光客

自從政府宣布將開放大陸人士來台觀光，對於正處於旅遊低潮的業界而言是一大利多，雖然迄今仍未見陸委會提出配套具體實施辦法，但旅行社、旅館業者皆摩拳擦掌，準備於七月間大顯身手一番。如何做好未雨綢繆的因應工作，宜由下列三點著手。

一、加強培訓導覽人員

導遊已趨專業而非行業，欲期觀光品質的提升，從事導覽人員之專業素質亟須提高。曾經旅遊大陸的台灣觀光客，對於彼岸「地陪」、「全陪」之能說善道，及對觀光景點之歷史文化典故之嫻熟貫通，相信都留下深刻的印象。尤以初期開放來台的大陸人士層次較高，返回大陸後具有催化的作用，是故不能不愼選優秀導覽予以接待。

二、展現值得參觀的內容

根據統計，大陸人士來台觀光之景點最想去日月潭、阿里山，跟國人赴大陸觀光最想去蘇杭、西湖一樣，全因來自地理課本引人入勝之描寫。台灣的湖光山色及寺廟大都比不上大陸，倒不如讓大陸人士參觀足以展現台灣傲人之項目；如誠品書局之格局及休閒度假村、有機農場之優雅等。

三、速設對口單位之窗口

大陸方面已指定「海峽旅行社」爲承辦單位，而台灣迄今仍未整合出一個對口單位，以致很多良莠不齊的旅行社已私下多所運作接觸，若未及早整合，任其惡性競價求售，無異自相殘殺，到頭來無利可圖，造成殺雞取卵，斷送商機之嚴重後果。

根據旅行業界之樂觀估計，一年就有約六百萬大陸客可以來台觀光，等於近年來入境觀光客的兩倍多，面對此一榮景情勢，政府宜速出面整合，研擬周全對策，以期提供優質觀光服務，樹立口碑，使大陸客感受到台灣觀光眞正「不虛此行」，而源源不絕於途。

（本文刊載於九十年五月十七日《民生報》）

生津解勞的萬壽汁

日前陳水扁總統蒞校視導，師生爲熱烈歡迎他，除了準備展現南部獨特風味的午宴外，特由素有「調酒聖手」之稱，也是本校推廣教育中心主任陳文聰先生，爲總統調製足以生津解渴、增強體力的萬壽汁。陳總統喝完後倍加讚賞，經媒體披露後，近日函電交加，紛紛詢問調製方法及效益等，爰將其調製過程公諸社會，以供讀者參考應用。

一、材料與配方

材料	份量	營養成分
芹菜	12 cc	高量的維生素B_1、B_2、A、C、鈣、磷、鎂
苦瓜	12 cc	維生素B_6、C、葉酸、菸鹼酸
大黃瓜	25 cc	多種游離氨基酸、維生素A、B_2、C、鈣、磷、鐵
鳳梨	25 cc	高量的維生素C、鈉、鈣
哈密瓜	25 cc	高量的維生素A、C
檸檬	20 cc	維生素A、B、C、檸檬素、草酸鈣、果膠
紅蘋果	25 cc	維生素A、C、蘋果酸、酒石酸、班多生酸、枸櫞
蜂蜜	6 cc	維生素B_1、B_2、B_6、C、K、大量的無機鹽類

二、效益

萬壽汁是綜合蔬果汁，因其成分之配合，具有增強體力、提神解勞、利尿整腸及加速體內新陳代謝之功效；且大黃瓜富含纖維素，對腫瘤有顯著抑制效應，可當作選購防癌蔬菜時的參考。

三、作法

㈠各式蔬果先以冷水洗淨。

㈡去皮去子後摘取果肉，並分開榨取果汁。

㈢最後將果汁混合，加入冰塊迅速攪拌再行過濾，即可食用。

㈣蜂蜜依各人喜好酌量加入。

（本文刊載於九十年五月二十日《自由時報》）

捨得

月前赴大陸山西省五台山旅遊，在山上香火鼎盛的顯通寺，看到一首以「捨得」爲題的詞，寫著「捨得捨得，先捨先得，小捨小得，多捨多得，捨在前，得在後，捨不得，最終還是得不得」，因語意蘊涵無限哲理，於是順手抄下留存身邊，並時加揣摩體會，期有所得。

此次中度桃芝颱風帶來花、投兩縣地區土石流亂竄，造成嚴重災害。內政部緊急呼籲全民捐款救災，結果是出乎意料的不夠踴躍。據媒體報導，連日來僅累積寥寥數千萬元，比起九二一大地震數十億元之龐大數目，實有天壤之別。推溯其因，乃因經濟不景氣與九二一巨大捐款未獲妥善運用，使熱心人士失去信心有密切關聯。

難能可貴的是，在一片不踴躍捐輸的氛圍中，有楊繼鴻等兩位年逾八十歲的老榮民各捐出一百萬元巨款賑災。吾人皆知老榮民是依靠政府定額津貼過活的經濟弱勢團體，如今竟傾其終生省吃儉用的「老本」救災，其仁風義舉的偉大情操，委實值得大家敬佩。

人是社會群體的動物，每個人都和這個群體的社會息息相關，所以關心周遭的社會，回饋社會其實是一應當的行爲，互助的行爲是一種「利人利己」的人道關懷，正如老子所說：「既以爲人，己愈有，既以與人，己愈多」，這是說我要幫助別人，自己卻更有，我要給人，自己卻更多。

很多人對金錢存有「錢是身外物，生不帶來，死不帶去」的觀念。因此，有錢的人對錦衣美食、華屋名車等，不吝於一擲千金而面不改色，但是對於急公好義，救災濟貧之舉措行動，卻一毛不拔吝予出手。其實，人生價值觀，「捨」與「得」僅繫乎一念之間，無論「施比得更有福」也好，廣種福田爲子孫積德也好，若社會大衆皆能本乎「人飢己飢，人溺己溺」的精神，出錢出力，參與公益活動，使陷於困境的手足同胞得解於倒懸，則祥和社會之美景不遠矣。

（本文刊載於九十年八月八日《自立晚報》）

澎湖觀光發展的前景與對策

素有「菊島」雅稱的澎湖，位於台灣海峽的中央，因四面環海，海岸線十分綿長發達，沙灘優美多姿，又具有豐富的海洋生物資源，及變化多端的海底景觀，是一處難得未受污染的海域。再加上陸域上純樸的民情，保存完整的民俗古蹟與特殊地貌等，在在都極具觀光價值。

隨著人類重視休閒時代的來臨，又是國內全面實施週休二日，憑著澎湖雄厚的觀光資源及天然美景，理應吸引大批人潮湧入菊島旅遊才是。但據統計，去（八十九）年赴澎湖的觀光客僅四十二萬餘人，距離預期可達八十萬人次僅及一半，此一懸殊的差額，值得吾人深加探討改進。

欲振興發展澎湖觀光事業，筆者認為宜從下列十方面著手。

一、統合資源，整體規劃

政府重視澎湖觀光產業的推展，特於八十四年七月一日成立「澎湖國家風景區管理處」，從事統整開發觀光景區規劃工作，首須蒐集澎湖之特有觀光資源，依輕重緩急，配合政府預算實施「整體規劃，分期建設」，此舉既可整合保護豐富的觀光資源，有系統的按部就班開發，又可防止私自浮濫開發破壞不再復生的寶貴景物。

二、網際網路，強化宣傳

運用特殊資訊科技加強行銷澎湖，網際網路已將時空區隔撤除，觀光客習於先上網搜索觀光景點，之後下載有關資料，作為規劃旅程之參考依據。是故隨時隨地，不斷更新充實網頁，提供觀光客充分的旅遊資訊。此外，更要印製多樣化、多面化的遊憩系統遊程、導覽地圖摺頁、精美簡介等，放置機場、車站、碼頭或旅遊中心等地方，方便旅客取閱，使其對澎湖極盡嚮往，是行銷宣傳策略最重要的課題。

三、大型活動，吸引人潮

澎湖海域之美，令人稱羨，用來舉行世界級帆船、風浪板等大型活動比賽，既可吸引人潮，也可藉機宣傳，提高澎湖之國際知名度及能見度。其他如澎湖特有之「採紫菜」、「王船祭典」、「放風箏」、「賞燕鷗」、「吃丁香魚」、「海底觀賞珊瑚林」等獨有奇特活動，皆為值得大力推廣亦很有賣點的活動。

四、多邊合作，策略聯盟

日前由高雄市觀光協會所推動的「南部縣市觀光聯盟」，結合高高屏觀光資源，規劃設計出多樣化的旅程，不但在國內引起注意，還遠赴新加坡、香港等地促銷，成績不錯，足可借鏡。策略聯盟的合作對象可擴及國內外航空公司、旅行社、汽車公司、輪船公司及旅館公會等相關行業，經「共生共榮」的合作取代「單打獨鬥」，始能兩蒙其利，發揮「團結才有力量」的事半功倍效果。

五、季節折扣，調整旺淡

澎湖觀光旺季（四至九月）常發生「一票（床）難求」的現象，但一到秋冬季節（十至三月），由於東北季風之凜冽吹襲，使旅客裹足不前，一般商家店號亦呈半歇業狀態。其對策是洽商航空公司加開夜航班次並予折扣優待。至於旅館床位，可多開闢露營場地，吸引年輕人於美麗乾淨的沙灘上紮營過夜，足可平添無限樂趣。冬季不適合戶外活動，盡可多開闢室內活動，設置各類展示館（如文石博物館、漁業博物館等），並規劃觀光夜市、特產街、海產美食街等全天候的遊憩設施，以避開強勁的風吹，在「窮則變，變則通」的思維下，可做多種應變之權宜措施，以保住熱絡的人潮。

六、善於管理，維護安全

「快快樂樂出門，平平安安回家」是所有觀光客的衷心期望，是故對於維護旅客安全、確保旅客權益之設施舉措，絕不可少，如安全圍欄、危險醒目警告標誌、救生設備及救生員訓練等，都應有萬全的準備。景區設置旅客服務中心，提供方便親切之諮詢服務與接待，至於景區環境美化整潔衛生、商品品質、合理價格及形象商圈之營造等，都關係到旅客的觀感與印象。

七、特殊景觀，擴大效應

只要去過桶盤地區看到柱狀的玄武岩，會大聲驚嘆可比美聞名全世界的美國黃石公園，若是看過舉世獨步的「綠蠵龜生態保護區」，會驚奇得天獨厚的寵賜，其他如聞名中外各式各樣的文石、天台山岡丘廣大原野草原、中社保留完整的古厝、同心合力的牽罟、潮間帶生態、石滬的傳統捕魚方式等，不勝枚舉的奇異景物，如何將其有效善加利用發揮效益，實一值得腦力激盪的嚴肅課題。報載，桶盤島上藝術家陳修貞，在賴縣長夫人郭美珍女士的支持下，利用桶盤的特殊地理景觀營造爲藝術村，即爲極具開創性的前瞻作法。

八、優秀導覽，美景出色

要有高水準的旅遊服務品質，需要有優秀的導覽人才，透過解說，讓遊客深刻體認到周邊所欣賞的美麗景象。除了專職人員接受嚴格培訓外，可借重高素質的退休教師當志工，並成立類似志工「讀書會」及「聯誼會」之類的社團，彼此切磋交流，增進解說之專業知識及技能，藉機發揮娛樂、教育與宣傳等三者兼具的功能。

九、民間參與，共創佳績

結合民間力量與資源，積極推動觀光產業發展，以彌補政府拮据的財政與人力之不足，是勢所必然的方向。政府爲鼓勵民間投資，已於八十九年十月二十五日通過「促進民間參與公共建設法」，協助民間取得土地、稅捐減免等優惠措施，以期借重民間之投資經營，帶動地區之觀光發展。其他如採公辦民營，借重紛紛成立的「藝術工作室」對鄉土投入的熱愛情懷，共同參與規劃開發工作，或邀請重量級的作家或藝術家作爲駐縣作家，藉以孕育人文藝術氣息等，皆爲大可思索的方向指針。

十、突破現狀，永續發展

往昔澎湖人主要仰賴漁業捕撈爲生，近以海域因過度濫捕導致漁產枯竭，造成經濟凋敝，人口外流。衡之現狀，澎湖以發展觀光產業爲最具潛力、最實際，世稱觀光產業是「火車頭產業」，足以帶動多種產業的蓬勃發展。澎湖雖獨具優美沙灘及豐富的海洋生態資源，若以目前開發方式及速度，不足以形成世界級的觀光據點。是故，爲了增強競爭力，勢須引進國際級旅遊專業機構的經營理念與手法，始克達成目標。例如「只聞樓梯聲，不見人下來」、醞釀多時的「觀光特區附設博弈事業」，由於澎湖社會結構、民風保守，遲遲未決。筆者之見解是，任何產業皆有正負面效應，所謂「兩利相權取其重，兩害相權取其輕」，權衡利弊得失，宜速做決定走向，以免貽失先機，徒嘆奈何。

二十一世紀，觀光將成爲全球最大產業。今年適值「澎湖海洋文化觀光年」，系列的活動舉辦增加不少媒體曝光率，績效相當不錯。面對將來台灣加入世界貿易組織（WTO）及開放三通後所造成的衝擊，澎湖如何善用豐富的觀光資源，把握當下營造觀光產業的輝煌成就，加速繁榮經濟帶動地區發展，有賴於全體澎湖人士之共同協力，始能畢其功於一役。

（本文刊載於九十年八月十日《澎湖時報》）

澎湖觀光事業之發展何去何從

——兼談附設博弈特區之可行性

澎湖美景，渾然天成，不但四面環海擁有豐富的海洋生態資源，又有保存完整的民俗古蹟及獨特地貌等得天獨厚的特色，此等優越的條件比起世界著名的觀光勝地毫不遜色。

既然擁有如此豐厚發展觀光的條件，爲何澎湖觀光事業仍然無法大開大闔而停滯不前呢？推溯其因，最大瓶頸在於秋冬之季風強勁影響客源，造成全年僅有六個月旺季，連帶著其他旅遊相關產業在淡季（每年九月至翌年三月）期間呈半歇業狀態。

為因應東北季風的吹襲，不適宜室外活動，開闢室內活動空間，諸如文石博物館、特產陳列館、海產美食街及觀光夜市等，皆為可行的思考方向。但這些設施僅能平衡旺淡季的觀光客差額，無法吸引國內外遊客，特別是遠道而來的外國觀光客。

因此，澎湖若想突破現狀大力發展觀光，宜催促立法院儘速通過「觀光特區附設博弈事業條例」，並引進國際級大型觀光開發集團，從事規劃開發及經營促銷，始足以振衰起敝，大放異彩。

至於附設博弈事業（俗稱觀光賭場）可能造成之正負面效益影響，歸納如下：

一、正面效益

㈠可以提高就業率，增加國民所得，促進地方經濟繁榮。

㈡減少國人出國旅遊之外匯支出、增加外匯收入、充裕國庫。

㈢引進龐大外資發展地方建設，資助社會福利及教育經費。

㈣提供正當合法之娛樂休閒活動，抑制地下非法之賭博。

(五)擴大秋冬季東北季風之室內活動空間，營造終年商機，帶動相關產業之蓬勃發展。

(六)澎湖從此脫胎換骨，人口回流，合家得享天倫之樂。

二、負面影響

(一)賭場集中大量人潮，壓縮較傳統產業的式微。

(二)稅收可能不穩定，因貨幣流通快速，較易導致通貨膨脹。

(三)公共建設的損耗較快，自然環境易遭破壞。

(四)地方經濟對賭場之過度依賴，較易影響整體建設計畫。

(五)犯罪率的升高及治安的敗壞。

(六)生活改善後，增加強迫性賭徒或病態性賭博。

世上絕無十全十美、占百利而無一害的制度舉措，只能在「兩利相權取其重，兩害相權取其輕」，權衡得失做一評估抉擇。

澎湖素以農漁為主，後以農業蕭條，漁產枯竭，經濟漸趨困境，為謀生計，造成人口外流。盱衡當今現狀，觀光旅遊大有可為，也是振興澎湖之重要指標。惜乎民風保守，無法從事「大破壞、大建設」之雄心壯舉。

為澎湖長遠發展觀光計，筆者謹做如下粗淺建議：

㈠儘速透過主流民意做一決定，若決定接受博弈特區，可結合朝野熱心人士籌組促進委員會，大力促成以免貽失先機，否則大陸三通以後，由台灣至上海、南京等好玩觀光勝地僅需兩小時飛程，屆時澎湖盡失吸引觀光客之優勢。

㈡若全民否決，只好維持現狀，但現有條件也宜做結構性改善，保留原有可貴的純樸民風與天然美景。

綜而言之，隨著人類休閒觀念之興起，旅遊產業已變成二十一世紀最大的產業，澎湖依憑著豐富的觀光資源，宜順應潮流掌握脈動，藉期借重觀光產業之發達，帶動其他產業之發展，從而促進地方全面發展，共謀澎湖全民之福祉。

（本文刊載於九十年八月二十六日《澎湖時報》）

一位熱心教育公益的實業家

社會上評斷一位實業家是否成功與令人尊敬，除了他的事業版圖及經營績效之外，最重要的是，他事業成功後對社會的關懷及公益的付出有多少。

張良成先生正是一位在事業成功後，對於教育公益事業盡心盡力付出，及對故鄉桑梓極盡回饋的人，其熱心公益的奉獻精神，委實令人敬佩。

得識張良成先生的結緣經過是，筆者服務於台南家專時，張氏時任台南家專的董事。在推動校務時，承其諸多鼓勵協助與支持，校務運作得以格外順利，使台南家專成為全國最優等的私立專校，迄今仍銘感不已。張氏熱心於教育公益工作的事蹟甚多，茲僅舉出兩例，藉資彰顯其仁風義舉。

一、在筆者承乏台南家專校務時，張氏經常來校開會，因他所經營的事業項目主要在油漆塗料，故他常對我說：「學校需要修繕粉刷的材料，我可以免費提供」，於是連續不斷供應油漆，使年久失修斑剝脫落的校內建築物牆壁得以煥然一新。及至有一次學校擬大量粉刷，他仍欣然答應免費提供。但學校基於成本的考量，代爲申請結帳一筆款項，他堅持不收，遂轉贈給學校。學校爲感念其慷慨捐輸，就將這一筆費用購買一批樹苗，分別是樟樹及桃花心木兩種，種植於學校體育園區內。日前筆者返校觀看，樹已長大丈餘高，生氣盎然，不但美化綠化校園環境，並樹已成蔭可乘涼，嘉惠學子，眞是功德無量。

二、張良成先生出身嘉義縣溪口國小，爲回饋母校，長久以來，不定期捐贈母校教學設備。爲擴大回饋，更於民國六十七年十月二十五日在校內捐建「藝耀圖書館」乙座，近又加裝冷氣，使設備更爲完善，張氏有時會抽空返回母校關心巡視，並時予挹注經費，充實圖書設備，此舉不僅造福師生，並贏得故鄉地方人士一致的讚揚。

欣逢張良成先生賢伉儷金婚紀念，可喜可賀，蓋人生最大的幸福莫不以能攜同牽手「白頭偕老」；張氏在實業上有其輝煌成就，又有美滿的婚姻，這皆由其熱心公益、造福積德有以致之。謹綴數語，藉申無限銘感與祝賀之忱。

（本文刊載於《張良成伉儷金婚紀念集》）

大千世界　小品人生

人的生命僅只數十寒暑而已，處此浩瀚無邊的大千世界裡，如何營造一個愜意的人生，是大家夢寐以求的願景。

欲實現這個夢境，個人的體驗是要從四個方面著眼：

一、獨善其身

基本的出發點，是要學會照顧自己，以免變成別人的負擔，甚或社會的累贅。俟健全自己行有餘力時，進而可服務周遭事物，終至回饋桑梓社會。如此作為正符合「獨善其身，兼善天下」的理想境界。

二、以小搏大

語云：「大樹下好乘涼」，在大公司能當個小職員或小主管，只要安分守己，任事認真，天塌下來有上面的人可以擋，而且公司福利待遇一樣不少。依此類推，如大旅館小房間，大醫院小醫師等皆屬之。以小搏大，受惠無窮，何樂而不爲！

三、人際關係

語云：「高處不勝寒」，飛黃騰達居高位者，反而不易有推心置腹的知己。相對的，人情練達的平民百姓，因與人無爭，較易有交心的忘年之交。在講求「人情關係」的社會生態中，透過圓融的人際手腕，避開利害關係，自可獲得相知相惜的友誼。

四、自得其樂

快樂幸福與否憑自己的感覺，蓋別人不能從外在的表現測知他人的內心世界，個人自覺快樂才是眞正的快樂。處此環境複雜、價值觀混淆的時代，如何自處於「功利追逐」，只有「盡其在我」昇華自己，才能平衡情緒，快活如意。

憑著有限的智力、體力、財力與時間等條件，想做盡天下事，遊盡山川美景或吃遍山珍海味等，只是可企不可及的目標。倒不如務實一點量力而爲，衡量自身情境，擇優而行，在眼花撩亂的大千世界裡，品嘗獨樹一幟、優游自在的小品人生。

勤樸精神

被日本企業界稱譽爲「台灣經營之神」的台塑企業集團董事長王永慶先生，經常爲文批評時下社會缺乏往昔的勤樸精神，導致社會奢靡成風，人心不古。爲倡導勤樸的美德，甚至在一手所創辦的明志技術學院中，直接把「勤勞樸實」四字題爲校訓，以期蔚爲校風，奠定學生培養「勤樸」的人格特質。

細數台灣當今檯面上資深成功企業家的背景，如王永慶、張榮發、高清愿、許文龍及張忠謀等，無一不是以勤樸奮鬥起家的。對照已故「日本經營之神」松下幸之助，也以「勤儉治理企業」之意旨相吻合，足證「勤樸精神」時不論古今，地不分中外，大都能締造輝煌成就者，乃放諸四海皆準，顛撲不破的道理。

台灣早期農業社會生活條件普遍艱困，勤儉被視爲傳統美德，更被奉爲圭臬，「一絲一縷恆念物力維艱」的惜福觀念深植民心。曾幾何時，隨著經濟的發達，功利掛帥，物慾橫流，奢靡成性，貪婪成風，每日翻開報紙，打開電視，盡是燒搶姦殺怵目驚心的社會新聞，如此種種的脫軌行爲，眞令識者憂心如焚。台灣有句俗諺：「一更窮，二更富，三更起大厝，四更走袂赴」，印證這些未養成「勤樸」精神的企業或個人，由於根柢不穩，所以禁不起風吹草動，遑論日曬雨淋，所以經濟稍微不景氣，便逃之夭夭了。

值此經濟不景氣，失業率節節攀升之際，俗云：「由儉入奢易，由奢返儉難」，爲扭轉敗壞的風氣，吾人呼籲社會大衆快快找回往日勤樸的美德，發揮事事「勤勞」，處處「樸實」的精神，必可返璞歸眞，恢復恬淡歡愉的生活。

（本文刊載於九十年八月二十三日《自立晚報》）

小品人生

一般人大概都有這樣類似的經驗：在就讀小學時，老師常會勉勵同學要「立大志，做大事」，學生受到老師的鼓勵影響，就會「心嚮往之」，立志要成爲偉大的政治家、科學家或軍事家等，在設定目標後，雖然積極的努力追求，但隨著年齡增長，理想目標卻不斷往下修正，其間不免嘗到失望與挫折的滋味，但也從中體會到「個人主觀的意願」與「外在客觀的環境」常會有落差，這當中的落差有時與個人的才氣、努力無關，倒是與時機、大環境等有關，台灣俗諺云「一牽成、二好運、三才情」，正說明了這當中的道理。

語云：「時勢造英雄」，鑑諸中外古今之豪傑，除了本身天賦異稟力求上進之外，因緣際會也是重要的因素。是故，能在歷史上出人頭地的「人中之龍」，畢竟是鳳毛麟角不可多得。但大家所看到的是他們成功的一面，而忽略了他們奮鬥過程中所歷盡的艱難與風險，尤以其中禁不起考驗而一敗塗地者更是不知凡幾。

在浩瀚無垠的世界中，人到底要如何安身立命？這雖是個哲學的探討，但是扼要來說：就是築起一個「歡愉的人生」。這樣的人生，首先須學會照顧自己，換言之，就是不要變成別人的負擔或社會的累贅。健全自己之後，就可以進而服務效勞周遭的事物。在工作崗位上，安分守己、奉公守法；在人際關係上，與人爲善，建立和諧的工作環境；在生活上，量入爲出，不爲功利物慾所惑，小康家庭，溫馨洋溢，享受天倫之樂。

在個人行有餘力時，則本著「取之社會，用之社會」的理念，或擔任志工，或出錢出力參與公益慈善事業。公餘之暇，三五好友小酌敘懷，或泡壺茶，海闊天空放言高論一番，偶爾攜同老伴或邀約親友，選擇一個山明水秀的風景區定點旅遊，洗滌煩囂，調劑身心。在此忙亂的大千世界中，效法古人「慣看秋月春風，一壺濁酒喜相逢，古今多少事，都付笑談中」的灑脫，人生若能如此，又夫復何求。

打工的體驗

暑假前摯友帶著他就讀專科的獨生子來看我，目的是想借重我在教育界多年的經驗，勸他兒子打消暑期打工的念頭，老友的家境富裕，希望兒子利用暑假好好進修英文，以便出國留學深造。但兒子的想法卻是「打工是時尚，不去好像是落伍、遜斃了！」最重要的是，他想藉此機會「考驗磨練一下自己」，此語一出，當即贊成他的想法。老友有一點怪我「幫倒忙」，仍不以爲然，堅持己意的執著態度悻然離去。

後來據聞，剛開始打工的頭幾天，眼看兒子每晚拖著疲憊的身體回家，電視不看，連最喜歡的音響也不聽，一進房間就蒙頭大睡，母親看在眼裡，眞是「累在兒身，疼在娘心」，她爲兒子準備補身子的營養品，兒子都不肯賞臉。

個把月後，情形改觀，兒子回家後，一進門就有說有笑，並且比手畫腳地敘說他的工作表現如何受到肯定，同事間怎樣分工合作和睦相處，更得意洋洋的描述他如何因應每個顧客不同的需求，也體會到以前來到西餐廳點個咖啡簡餐，供應稍慢就生氣責怪，眞是沒道理。如今身歷其境，才眞正體驗到「事無經過不知難」的其中哲理。

語云：「辛苦賺的錢不會跑，流過汗的孩子不會倒。」難得的是，他拿出平生第一次賺來的錢，買了一份禮物送給父母，物輕意重，一時間，像在溫室中受盡呵護的孩子成熟長大了，變得懂事，又對自己充滿自信，也學會了惜福和感恩。印證了名散文家陳之藩「哲學家皇帝」一文中，所傳達從困苦艱難的環境中，才能鍛鍊出謙卑的性格及堅強的意志。

暑假結束後，他們一家人再來看我。話匣一開，年輕人就意氣風發地夸夸而談他先苦後甘的工作歷程，講到他如何擺平一位很難侍候的顧客時，更是面露得意之情，一旁靜聽的父親表情，看得出因兒子的優異表現而感到無比驕傲，而母親仍表露出對兒子又憐又疼的神情。離去時，看到友人的兒子依偎地挽著自己母親的手，全家和樂融融的情景，除了分享他們溫馨的天倫情，霎時更爲自己當初支持這位年輕人的決定，感到十分欣慰。

（本文刊載於九十年九月四日《聯合報》）

黃昏的故鄉

日前觀看「澎湖開設觀光賭場利弊公聽會」的電視轉播，儘管贊成與反對的意見呈現兩極化，但居民的踴躍發言及慷慨陳詞，充分表現出對鄉土的熱愛。其中有一位出外謀生專程趕回參加公聽會的鄉親說：「本來我堅定反對開設賭場，只因離鄉背井，寄人籬下，懷鄉思親之情難熬，如今我贊成，理由是可以返鄉就業，晨昏侍奉高齡雙親，承歡膝下，重享天倫之樂。」這一番悲情感性的話語，道盡出外人鄉愁的心聲，使聞者莫不為之鼻酸，並感同身受。

澎湖四面環海，擁有豐富的海域資源，居民素以漁撈為生，奈何近年海產枯竭，導致年輕人被迫出外謀生，造成人口大量外流及居民老化現象。印證台灣本島的衆多鄉村，本以務農爲生的社會生態結構丕變，同樣的，也是人口湧入城市及老弱留鄉的凋零景象，這些因素及環境形勢，使得有志向外發展的青年不得不遠走他鄉打拚。但基於出生血地的情緣，不論人在何處，對鄉土的懷念及親人的思念，是永遠難以割捨的感情。台灣俗諺說得好：「頭毛白疏疏，較想嘛外家」，說明親情、鄉情是永遠無法取代的。

因努力程度與際遇的不同，出外人有的輝煌成就足以衣錦還鄉，有的艱苦度日蜷曲在城市叢林中的灰暗角落求生存。但不論是飛黃騰達者抑或靠苦力度日者，午夜夢迴時分，相信都有如詩仙李白〈靜夜思〉中「床前明月光，疑是地上霜，舉頭望明月，低頭思故鄉」魂牽夢縈的鄉愁體驗。尤其每當太陽西下，遙望故鄉的時刻，想念親情的思緒與情愫，更是如噴泉般的湧上心頭。眞所謂夕陽西下，斷腸人在天涯。

旅居在外的遊子雖在他鄉做異客，但無不時刻心繫鄉里，是故對故鄉事物一舉一動的信息，莫不密切牽動關心，雖然現今電信資訊方便發達，但總是沒有切身的感覺。因此，一旦有機會遇到鄉親，在「他鄉遇故知」的驚喜情況下，總是問個不停，聊個沒完，就如王維詩中所描寫「君自故鄉來，應知故鄉事，來日綺窗前，寒梅著花未」的迫切追問，言談中殷切的期待，由鄉親口中所透露的訊息，能填滿懷鄉思親心靈上的空虛。

（本文刊載於九十年九月十四日《澎湖時報》）

六五敘懷

最近爲了處理公務專程搭機赴北，就在高雄機場交付身分證件辦理登機手續時，劃位小姐提醒說：「年齡已經可以買半票了。」頓時間，除了感念政府對於老年福利措施的重視外，驀然回首發覺已逾「花甲之年」了，內心興起「少壯幾時兮奈老何」蒼涼惆悵之感，爰振筆敘述「六五」的一番情懷。

幼時出生於嘉南沿海地區窮鄉僻壞的鄉村，因村中居民多數以務農爲生，過著「日出而作，日入而息」的規律生活，並具有勤奮、憨直及淳樸的個性及生活習俗，形成了別具一格的文化特質，自幼受到這種環境潛在的薰陶，無形中就形塑這些鄉下人特有的性格。

自幼失怙，雖上有兄姐多人，但因年齡的差距及工作的環境，彼此的影響並不大。但家母含辛茹苦，獨力撐持家庭的毅力與耐力，及其勤儉節約的習性，一生行爲受其影響最大，例如從家母平時的作爲中，體會到「教育無他，唯愛心與榜樣而已」，後來一生從事教育工作，皆本著這樣的教育信念。

身處三〇年代的農業社會裡，除非有顯赫的家世或富裕的家境，鄉下小孩欲出人頭地，唯有「讀書求光明」一途。家母雖爲目不識丁的村婦，但對子女的教育卻相當重視，儘管對學費的籌措常要傷透腦筋，可是爲了子女的前途，家母總是咬著牙關到處張羅，排除萬難解決，因此身爲鄉下小孩的我，才得以順利完成大學學業。

當年，就讀台灣第一所私立大學——東海大學，因它是美國人所創辦的教會學校，是故東海與外國學校的交流非常密切，以致當年畢業生出國風氣較諸他校爲盛，尤其是第一屆，學校更重視畢業生進修深造的管道，莫不予以大力協助。本擬隨風出國留學，後以感念家母老邁需人照料及顧慮家庭經濟情況不允許而作罷。

人生旅途中難免有所轉折與選擇，家母對我最大的期待是能穿著白襯衫，拿著毛筆坐在鎮公所辦公桌辦公事，即台灣俗話說「坐桌仔角」，或在國小當老師，就是一件夠體面的事，簡直是可以顯宗耀祖了。

既然不出國留學，就只有先就業一途。可是對工作之事，因無人從中指導援引，自己一時也無頭緒。就在胸無成竹之情境下，有一次於服役期間，利用假日到台南光華女中探望高中時代的林新村校長，在其鼓勵及邀約下，欣然答應執教，就在這種突然的意外機緣下，開始從事教育生涯。那時候也沒有「從一而終」的打算，沒有想到「一路走來，始終如一」的堅守教育崗位迄今，已達四十年之久。

回顧教育生涯中，值得回味一提的約略有下面幾項：

一、六十六年接任台南家專校長，三年後由於董事會大力支持，全體師生的密切配合努力，使該校成爲全國最優的私立專科學校，並連續數年維持優勢而不墜。

二、七十一年四月榮獲美國國務院邀請訪美，也是第一位獲邀的公私立大專校長（按其條件之一是未曾留學美國者）。返國後將所見所聞撰寫《旅美隨思》一冊。在駐台代表李潔明惜別酒會上，李氏特別高舉此書說：「在我任內舉薦數人受邀訪美，唯李校長返國後出版專著，本人甚感欣慰」，此事為時任東海大學董事長查良鑑博士親自與會後所告知，他並勉勵有加的說：「與有榮焉」，受此肯定深覺安慰而引以自豪。

三、七十九年五月，台灣杏壇上發生一件史無前例的重大風波，就是全校師生罷教罷課的國際商專事件。彼時我適抵美國，準備考察教育並訪問友校，經教育部十萬火急電召回國，內心深處極度掙扎，該不該接手此一棘手的「燙手山芋」。後以「人為理念而活」自勵，並以照顧無辜學生及維護教師權益自勉，毅然決然接受徵召處理事件，歷時兩月有餘，歷經無數風雨，此風波終告落幕，事件結束後特別撰寫《國際商專七十天》一書，期為私教歷史留作見證。

四、八十一年八月奉教育部徵召籌備全國首創的餐旅專科學校，成為第一位由私立大專校長轉任公立大專校長者。鑑於國內首創而無例可援，旋赴歐美餐旅先進國家取經效法，再融入中華文化之精華，開創餐旅教育風氣之先。開校以來，由於獨創新穎之學制，諸如春秋兩季單招、三明治教學法及海外參訪實習等，雖僅五年有餘，而校譽業已名揚海內外，繼而於一年前獲升格爲學院，並成爲教育部的「重點學校」。深信在此良好基礎上，不出幾年，將成爲全國唯一的單科「餐旅大學」，此乃指日可待之事耳。

雖是定調一生從事教育工作，其間曾有禁不起黨政人士的慫恿遊說，興起從政的念頭。六十六年國民黨台南市黨部舉行全國首辦的國代提名初選，雖有七名候選人競選，或許是校長的形象清新及衆多學生家長及校友的全力支持，開票結果囊括了百分之七十五的選票而轟動一時。外界、媒體一致認定獲得提名是「囊中探物」輕而易舉，且是順理成章之事。後以財務拮据無法籌措龐大競選經費，而且不願因接受親友「政治獻金」，日後欠下「人情債」而作罷。後來選戰正式開打，適逢「中美斷交」，選舉因而中輟，幸免於參選而花費不貲，眞是「塞翁失馬，焉知非福」，冥冥之中似有「因禍得福」的定數。

檢視數十寒暑爲人處事的歷程中，除了個人的努力奮鬥外，深感時有「貴人相助」，才得以克服諸多障礙挫折而成事。但深感遺憾者，是一生中對最重要的兩位偉大女性，都有虧欠，一是家母，自從忙於工作以來，除了有時利用假日抽空返鄉探望外，未能晨昏定省，承歡膝下，如今「子欲養而親不待」，不勝唏噓！另一為內子，陪伴一生，甘苦扶持，也因專注於工作而疏於親情，本想退休後攜手共享天年，詎料天不從人願，於兩年前別世，造成無可彌補的折翼之痛。

人除了天賦遺傳之外，受外在環境的影響何其之大，自覺天資魯鈍，但頗能堅信「勤能補拙」的效能，在力求奮進中，奉行「盡心則無愧，盡力則無悔」的行事原則，乃能心安理得。

至於「勇於創新，敢於不同」的人格特質，對於富有挑戰性的艱巨工作，往往能秉持鍥而不捨的堅忍作為，全力以赴而得以完成，藉由目標達成後的滿足感，厚植無比的自信。有時因過於主動積極的作風，難免對他人提出嚴格要求，想來「戒急用忍」與「嚴而不苛」，應是今後該留意的處事態度。

綜括一生的行事風格，不出「自我期許、自我實現、自我成就」三段式的思維與行為模式，終身信守不渝，也屢有所成，雖沒有轟轟烈烈的大作為，卻因在教育上所創的一些特殊事蹟，在台灣教育史上應有一席之地。

依法六十五歲應屆齡退休，承蒙教育部不棄而延任。盱衡主客觀環境與條件，形勢比人強，轉業已不可能，勢必「從一而終」，堅守教育崗位直至告老退休。

誠如詩人所言：「少壯能幾時，鬢髮各已蒼，訪舊半爲鬼，驚呼熱中腸」。人生如戲，年過六五，正處於人生舞台最重要的分水嶺上。換言之，戲雖未結束，但已可預知戲碼的最終結局。但願在身心尚算健康之際，利用餘年能在人生舞台上，雖不用「驚呼熱中腸」的古道熱腸，但希望能扮演一個中藥店中不可或缺的「甘草」角色——味淡性溫卻能調和鼎鼐。

（本文刊載於九十年八月二日《中央日報》）

一位腳踏實地的教育家

魁梧的身段，加上憨厚、正直及誠懇的至性至情，是陳連富校長給人的整體觀感。由於他那特殊的人格特質頗具吸引力，加上誼屬同年，又同是海邊出生的緣故，就這樣和他結下了「親如兄弟」的情誼。

打開回憶的匣子，初識陳校長的時間，可以追溯到二十幾年前，筆者擔任台灣省教育會理事開始。那時，他是唯一外島——澎湖的代表，一旦碰頭，都以「海外的代表」來稱呼，意欲凸顯親切且又難得。

台灣省教育會是一個擁有近六十年的悠久歷史、會員人數多達十七萬人之譜的人民團體，由於資產豐厚又組織規模龐大，導致理監事的競選相當激烈。向來，雖有至少每縣市產生理事或監事一席的慣例，但卻非保障名額。換言之，理監事的人選係依票數之高低依序產生，澎湖教師會員人數不及千人，純屬「少數民族」，依常理選不過別人，但陳校長憑他平時辦學的績效，及其以誠待人的態度拜票，開票結果不但順利當選，順位還在中上之處，可見其為人處事深得代表們的人緣。

每逢合議制的理監事會議召開之際，陳校長幾乎不曾缺席，是出席率最高的一位。令人敬佩的是，每次與會，他都以「偏遠地區，資源不豐」為由，極力為澎湖的教育界爭取經費及資源，那種急公好義的精神及強而有力的說詞，往往令在場的理監事深受感動予以支持而大有斬獲。也因其熱愛鄉里及凡事戮力以赴的精神，引起共鳴，終至被推選為台灣省教育會有史以來首位出身離島的常務理事。

當初，為鼓勵各縣市成立文教基金會，以便有健全的財務辦理活動及謀取會員的福利，台灣省教育會採取對等補助辦法以為推動。澎湖教師會員少，但人少志不短，陳校長以常務理事的身分，會同澎湖縣教育會理事長許清兩等教育界熱心人士發動募捐。澎湖教育界集腋成裘的熱烈精神，贏得當時代理縣長鄭烈先生的肯定與認同，於是大力資助，超過新台幣一千萬元的文教基金會，終於展現在世人眼前。推溯基金會之所以順利誕生，陳連富校長所扮演的推手角色，實有不可磨滅的貢獻。

陳校長連富兄，一生堅守教育工作崗位，四十年如一日，尤以在自己的故鄉，奉獻教育深耕播種，如今眼看撒下的種子已開花結果，無異給同樣從事教育工作的後進，樹立一個「腳踏實地」的教育家風範。

教育界的奇葩

一九四七年間，一位聰穎睿智、眼光獨到、滿懷理想願景的有爲青年，以豐沛能量蓄勢待發的英姿，來到台灣這片土地上，賣力的播種、深耕，闢建了多處璀璨的教育文化園地。他，正是創辦育達教育文化事業機構，在私校教育界大放異彩的奇葩——王廣亞先生。

所謂創業維艱，一點也不錯。蓋因事業從無到有的過程，本身即須面對各種變數，克服各種挑戰。育達品牌，爲王創辦人隻身空手來台的第三年所創建，從一所租借教室上課的補習學校發軔，迄今跨越海峽兩岸，擁有六所技職院校的宏大規模，絕非等閒之輩所能成就。在私校經營不易的今天，顯得格外耀眼。

筆者也曾在私校服務達三十一年之久，深知私校從草創到完整之艱困歷程，套一句私校經營者最常引以爲傲的話語──「從無到有，談何容易？」王老締造的輝煌成就與秉持的奮鬥精神，值得私校經營者爲之效法學習。

有關王創辦人的艱辛創業歷程與處世風範，一向爲人所景仰且津津樂道。在此，謹以滿懷感念的一段往事加以印證。當年筆者受教育部委託，處理全台首樁全校師生罷教罷課的國際商專事件，那時問題頗爲棘手，王老不畏情況之複雜，毅然挺身願充當吃力不討好的「調人」。其後雖因種種客觀因素而未能扮演調和鼎鼐的角色，但他那熱忱而寬大的胸襟，著實令人萬分感佩。

正因王老辦學深具獨特見解與斐然成就，筆者一有機會就向他請教治校竅門，每每獲益不淺。王老基於對後進愛護關心，曾經蒞臨高雄餐旅學院指導，他最在意的是，來自私立學校的教育工作者，轉換跑道到公立學校服務，其辦學的態度是否有所改變？當他看完了各種設施及了解筆者辦學理念後，不禁脫口而出：「你把私立學校省吃儉用的精神帶到公立學校來了！」這句話對筆者來說，既是肯定又是鼓勵。其間，尤慨贈其手書〈禮運大同篇〉全文墨寶，筆法蒼勁有力，誠屬罕見之傑作，特裱褙掛置在校園裡，供師生欣賞，並藉此激發師生對古聖先賢構築人類群體生活最高理想藍圖的由衷敬意。

吾人深刻了解，獻身教育文化事業，業已邁入第五十二個年頭的王老，一生克勤克儉，奮鬥不懈，從一而終，卓然有成的涵養與建樹，堪稱私校經營的典範。如今，欣逢其八秩華誕，衷心祝嘏之餘，但願其所散發出來的絢爛光芒，能化作美麗的篇篇詩章，永遠爲世人所傳誦。

淨化選舉弘揚民主政治

俗云：「選舉無師父，用錢買就有。」這一句話已經成爲大家耳熟能詳琅琅上口的順口溜，正充分說明台灣惡質的選舉文化。

「好人出頭」是大家所一致期待的目標，但依現下的選舉風氣，候選人若無充裕的財力、派系的支持、財團的奧援、甚至黑道掛鉤等條件配合，很難突圍而出。因此滿腔熱誠充滿政治改革理想抱負的清流賢能之士，只能徒嘆奈何！

西諺有云：「有什麼樣的選民就有什麼樣的政治人物」，換言之，民主品質繫乎選民的素質。鑑諸台灣歷次選舉，金錢買票及黑道暴力嚴重介入選舉，造成當選人良莠不齊，有的人一占據政壇就開始追逐私利，並濫用權力撈取不法利益，藉以作爲選舉時支付龐大經費之投資報酬。種種不法勾當，使國家一切政治、經濟及社會之諸多改革措施，遭遇頑強抵制及延宕倒退，導致政局不穩，成爲台灣邁入現代化之最大障礙。

民生政治乃選舉政治，既然離不開選舉，唯有效遏止金錢賄選及黑道介入，始能使選舉正本清源，選賢與能。欣聞法務部爲年底縣市長及立委選舉，業已訂定賄選舉發標準，宣示反賄選之決心。只要政府有決心，檢調單位嚴格執法，選民理性抉擇，深信選舉終有立竿見影的淨化效果。

台灣的政治究竟是要向上提升還是向下沉淪，端賴全民的覺醒及政府的決心，「黑金」長期腐蝕台灣的人心，幾乎要達到「動搖國本」的程度，有心之士莫不憂心忡忡。年底正值國會議員、縣市首長的大選，正是向來以反黑金訴求取得政權的民進黨，面臨執政後第一次展現端正社會選舉風氣的魄力。吾人殷切寄望執政黨痛下決心，施展鐵腕，洗刷「賄選是台灣政治之恥」的污名。

輕搓拍打護健康

人體若能時常保持經絡暢通、氣血充足，自然精神抖擻、體健開朗。如何能使體內血液循環順暢，全身運行舒服呢？筆者在此願將親身行諸多年、效果不錯的經驗分享給大家。由於人體經絡以十二經脈爲核心，布滿四肢軀幹，成爲一個完整的有機體，所以此套功法就透過雙手在身上搓敲拍打，使全身經脈發熱活絡。其作法及順序如下：

第一階段

早上睡醒時先不起床，兩手合掌搓熱，在腹部先順時鐘方向以右手手掌稍用力搓三十六次（以下動作皆爲三十六次），改以反時鐘方向用左手操作，然後以右手從左腋上下來回搓，再用左手在右腋上下來回搓，接著左右手交叉從胸部至小腹由上而下搓，後氣聚丹田（即肚臍下小腹）用力彈上九次，並且彈腿三十六下後，用手將腳底腳踝四周捏壓搓揉一分鐘，此時已全身發熱。

第二階段

坐在床沿，先從上到下拉耳朵三十六次（以下動作皆爲三十六次），後用食指鑽入內耳旋轉幾下，再以雙手摀著耳朵用中指敲擊後腦部（天鼓），且進行叩齒（即牙齒上下對打）後，雙手用力在頭部用五指從前額梳到後頭，再雙手合掌搓熱摀住眼睛，讓眼球上下左右轉動連續九次，隨後整個頭頸左右旋轉九次，此時已神清腦明。

第三階段

站起來先用右手在左肩膀拍打九次，依序順著手臂肘由上而下（臂肘外部），再由下而上（臂肘內部）來回拍打九次，而後從左胸部到腋下由上而下拍打至小腹九次，並且改換左手施以同樣動作，接著由前小腹沿後腎臟（小腹後面）周圍拍打三圈，從腰部順著大腿往腳部拍打，再從小腿內部至大腿中間之血海（膝蓋彎曲之處）拍打三十六次後，朝生殖器旁邊鼠蹊部拍打三十六次，再到腎臟部位拍打九次，此時已完成從頭到腳全身輕敲拍打過，全身滾燙或汗流浹背，充滿活力。

第四階段

一旦前三階段完成，若忘記順序與次數也無妨，只記得將全身各部位拍打，就已兼顧到各穴道氣脈。此刻全身氣血通暢，即有便意，經由大小便將體內雜質毒素排泄體外，因此若能於起床後即行排泄才開始揉搓拍打更佳。之後自行斟酌喝五百西西以上之溫開水（切忌冰開水），既能補充水分，更可清洗腸胃。隨之沐浴洗澡，進用早餐，精神飽滿，開始美好的一天。

此套功法，完全借重雙手，因手部布滿血管神經，與大腦有最密切之關係，是故手腦並用及於全身，簡單易學，又不需輔助器材，即在起床前後之場地，注意空氣流通，衣衫簡單舒適，次數以九次（陽數）爲度加乘倍數，需時約僅半小時，可謂足不出戶即可完成，是一極爲方便之保健功法。尤以出國旅遊亟需充沛體力時，更能派上用場。

俗云：「萬病歸脾肚，萬拳歸一路。」意味人體疾病皆由五臟六腑引起，若能時常使人身通體舒暢，氣血活絡，自然萬病消除。唯必須強調的是，行此功法，應持之以恆，千萬不可一暴十寒，如此才有顯著之保健效果，願你我共勉之。

（本文刊載於九十一年五月十八日《中國時報》）

發展生態旅遊帶動觀光產業

就經濟效益而言，觀光產業係一「低成本、高效益」，又無污染的「無煙囪工業」，是故各國政府無不全力以赴，以期藉策略性發展觀光事業帶動其他產業的升級。衡諸世界目前旅遊之發展情況，觀光人次不斷急遽增加，爲滿足觀光客不同的需求，紛紛推出各種不同的旅程及種類，但在觀光類別與項目中，生態旅遊已經變成觀光市場的主流，聯合國爲順應此一潮流，也因此特別將公元二〇〇二年訂爲「國際生態旅遊年」。

生態觀光（ecotourism）的推動，應以自然生態與環境保育爲基礎，落實保護環境資源爲導向，達到永續觀光發展的目的。因此，「生態觀光」也和「綠色觀光」（green tourism）、「環境觀光」（environmental tourism）以及「永續觀光」（sustainable tourism）等觀光發展內涵具有相同的意義。台灣雖然幅員狹小，但山高海闊，四面環海，海域生態多樣，隨著海拔垂直分布的結果，產生各種生態帶，以生物種類來說，就多達十五萬種以上，鳥類也有近千種，特別值得一提的是，有些生物及鳥類是世界稀有，甚至是獨有的。台灣擁有如此豐富的生態資源，足以形成發展生態旅遊之優勢。

台灣如何據此優勢發展生態旅遊，宜從下列步驟進行：

一、政府應儘速訂定完整可行的生態觀光政策。

二、建立全民對「生態觀光與永續經營」理念的正確認知。

三、規劃生態旅遊吸引力，不妨先由定點試辦，從而擴展到全面。

四、研訂生態旅遊之規範，使觀光客有所遵循，以防範生態環境被破壞。

五、納入學校課程及強化戶外教學活動，深植學生親近自然、維護生態及珍惜稀有資源之觀念。

六、加強英、日語之生態解說員之培育與訓練，以廣招外國觀光客源。

七、結合當地文化，活化生態旅遊之內涵，如配合原住民、客家文化及地方特殊文化等，並加強宣傳推廣，以發揮多元化項目，滿足觀光客不同之需求。

八、加入世界生態觀光組織，借重先進國家之寶貴經驗，大力發展台灣生態旅遊，落實我國「全球在地化」的國際觀光發展目標。

生態旅遊是一種以自然、歷史及固有文化所啓發的旅遊形態，透過生動解說和教育，引人入勝，使生態觀光客能藉珍惜、欣賞及參與，充分體驗生態與本土文化之美。由於高度工業社會所帶來的環境污染及人類生活的忙碌緊張，爲調節生活節奏與情趣，是故走出戶外親近自然與啓發心靈，已成爲國際觀光的新風潮。

台灣若能順利發展生態旅遊，可以帶來下列的預期效益：

一、減緩因加入世界貿易組織（WTO）對傳統農林漁牧業之衝擊，藉機發展休閒農業、森林遊樂區、海洋生態、古蹟保存與經營、原住民文化及民宿等等，創造就業機會，繁榮農村及沿海地區經濟。

二、儘早確保台灣生態資源維護，不受觀光發展所造成的天然環境破壞。

三、提升國人對本土天然資源、人文社會文化的認知與認同。

生態旅遊不僅是一種兼具生態保育與休閒遊憩的活動，也意味著國人共同來推動土地的管理和社區的發展。台灣若能推動生態旅遊成功，不但可使國際人士刮目相看，提升國際形象，亦可順理成章將台灣塑造成「綠色觀光之島」。

（本文刊載於九十一年四月二十五日《中央日報》）

不切實際的「觀光客倍增計畫」

日前游內閣揭示「挑戰二〇〇八年國家發展重點計畫」項目，其中大項之「觀光客倍增計畫」，對於陷入低迷已久的台灣觀光業，可說是一劑強心針，的確令業者振奮一番。但若深入分析，不免發現該計畫雖用心良苦，卻難免不切實際。

近日游揆又說：發展觀光要以顧客爲導向的企業化經營模式，實爲正確的方向，觀光局長可公開招考，試用三個月，若未能達到觀光客按月量化倍增的預期目標，應自動「讓賢」下台負責。姑且不論那來這麼多專才可折損抵換，衡諸台灣現有主客觀條件，鮮少有人能具有此般能耐，勝任此一艱巨任務，試爲申論如下：

根據觀光局統計資料，去(九十)年來台觀光客總數爲二百六十二萬餘人，扣掉外勞及來台洽公的商務客，實際來台觀光者不及百萬人，這個不顯眼的數字，還是觀光局經年累月努力得來的結果，而「六年觀光客倍增計畫」中，想在六年中達到五百萬人的超高目標，談何容易？

發展觀光產業需要政府相關單位全面性的配合才能發揮功能，就以開放大陸觀光客來台而言，在去年叫得震天價響，政府並信誓旦旦的宣示六月一定會全面開放，後來又自我設限，提高重重門檻，決定僅開放旅居海外大陸人士來台觀光，結果是，迄今僅接待七批共計八十八人而已，又曾經對該等旅客實施「宵禁」而貽笑中外。相對的，去年台灣赴大陸旅遊人數卻高達三百四十四萬二千餘人。

滿足觀光客需求的服務項目不外乎：景點、住宿、餐飲、交通、資訊、文化及安全等，就以藉舉辦大型活動，如國際會議、博覽會、運動會、選美、賽車及科技大展等，招徠大批觀光客而言，台灣就缺乏近萬人之大型會議場所，像數年前好不容易爭取到扶輪社世界年會來台召開，也只能因陋就簡，借用林口體育館舉行，較諸先進國家聲光設備俱佳的理想集會場所，眞是情何以堪！再以台灣現有國際觀光飯店僅五十八家，觀光旅館二十五家，一般旅館（含非法）三千四百多家，總容量共計約僅八萬人，遇觀光旺季住房率已達飽和，要在六年間倍增觀光客，起碼要興建數倍的觀光旅館，若業者不顧經濟景氣願意投資，也無法在短期內完成，遠水救不了近火，單是住宿問題就無法解決，遑論其他。

再說落地簽證方面，雖已開放日本、美國等二十餘個國家，但相對於觀光發達的國家如新加坡、韓國等，幾乎沒有設限的全面開放，尚有改進的空間，例如台灣對大批客源的泰國、馬來西亞等國家，基於政策的考量仍設限不放，拒人於門外。更凸顯的例子是，韓國對台灣觀光客開放落地簽證，而我們對韓國人來台觀光卻沒有相對的優待。

現有的觀光局雖僅屬交通部二級單位，限於位階、人力及物力，但奮力邁進，績效斐然，委實難能可貴，照理說，若要配合游揆施政推動「六年觀光客倍增計畫」，提升爲一級部會成爲「觀光部」才是合理的安排。反諷的是，在政府改造方案中，觀光局卻被裁併，並將其執掌的業務割裂爲二，一部分業務併入經濟貿易部，另將觀光局轄下之國家風景區併入環境資源部，使得原來運作順暢的觀光業務變成怪胎連體嬰，將來勢必造成扞格互制，事倍功半。

觀光產業因係「低成本、高效益」而無污染的「無煙囪工業」，是故，各國政府莫不全力以赴，以策略性發展觀光來帶動其他相關產業的發展，藉以「拚經濟」，游內閣有見及此，實屬難得，也令人感佩，但要落實觀光發展策略，端賴資源整合，並須有各種配套措施及跨部會相關單位的密切配合，如外交部的簽證鬆綁、陸委會戒急用忍及有效管理的重新詮釋，及國防部重要海岸風景區管制之調整等等，唯有建立全面性共識，放棄本位，才能畢其功於一役。

台灣幅員雖小，但觀光資源堪稱豐富，如何營造優質的旅遊環境，加強國際推廣宣傳，建構全球性觀光資訊服務網等，在在尚須加倍努力。政府既然如此重視觀光，除了研訂策略整合跨部會共識外，宜應發動全民變成「人人心中有觀光」的運動，期使朝野一致，蔚爲風潮。

政策貴在具體可行，響亮的計畫要有眞材實料做基礎，才能預見效果，若無統整而周全的配套措施，空有創意而欠務實，徒使手段與目標背離，而寄望偉大計畫的實施，豈非淪於望梅止渴、可望不可及的夢幻。

（本文刊載於九十一年五月十九日《聯合報》）

規劃植栽展現城鄉新風貌

台灣是個奇妙的寶島，不管經由鐵路、省道及國道，皆可沿路飽覽變化多端的各地風光景觀。從北部的起伏大小山丘、道路蜿蜒變化，經中部火炎山砂礫特殊地形的山勢，至嘉南平原地勢平坦，一片廣闊無際的稻田，最後到了高屏地區的椰風蕉雨，一路上增添各具特色的小鎮鄉土風光，令人心境為之開朗神怡。

但美中不足的是，沿路各種醫藥、售屋仲介、電子、汽車旅館、外籍新娘、食品等五花八門的廣告招牌林立，破壞了欣賞美景的開闊視野，更遮住了青山綠水的嫵媚，對於大地的自然景觀，顯得突兀而礙眼。

近聞，交通部迫於民意代表及商業團體的壓力，原則同意放寬高速公路兩側五十至兩百公尺以內設立廣告物體，聞之令人納悶，此種純屬商業利益凌駕公衆利益之行徑，吾人期期以爲不可。

爲維護渾然天成的美景，美化鐵公路之沿線風光，展現各地之特色，交通部可以配合各縣市選出之「縣市花」及「縣市樹」裝置鐵公路兩旁，讓旅客在搭車過程中，或一覺醒過來，看到車窗外的紫薇或楓香，就曉得「台灣頭」的基隆到了，看到茶花或松樹就知道已到新竹縣，至於鳳凰花或樟樹映入眼簾，就意會台南到了，看到九重葛或椰子樹，就曉得已到「台灣尾」的屏東了，此情此景的旅程是多麼愜意。

多重氣候帶的台灣島嶼，復因高低不同的海拔，天然自生自育種類繁多的原生樹種及花卉，若能在鐵公路兩旁有系統的規劃，用該地特產的植栽林相及花卉種類，作爲縣市識別界線，不但可營造美麗寶島的形象，更可展現城鄉特有的新風貌。

如何落實觀光客倍增計畫

難得政府將發展觀光產業列爲國家重要政策的位階，如何以全新的概念與思維，並以劍及履及的具體作法，落實觀光客倍增計畫，筆者認爲應由下列幾點著手：

一、統整體系以凝聚共識

由於觀光業務之推動牽涉很多部會，諸如航線、簽證、出入境管理及兩岸政策等，職是之故，宜由行政院長親自帶領突破法令，統整體系，並宣示永續發展的觀光策略與路線，建立共識。並將觀光局之層次提升至部會位階，委以重責，以利政策之徹底執行。

二、營造優質的旅行環境

優先整頓現有旅遊景點，如故宮、阿里山及日月潭等沿線周邊之人文觀光環境，以整體套裝之手法，提升旅遊品質，增加吸引國際觀光客之魅力，並讓國人樂於留在國內旅遊度假，減少外匯支出，其次再陸續評估新景點之開發。如此由點狀而連線達到全面的優質旅遊環境，從而躍升爲國際觀光水準。

三、以本土文化與生態爲主軸

媽祖遶境、華西街夜市及宋江陣等皆爲本土文化之風貌與特色，加以台灣生態環境獨特且富多樣性，極具觀光潛力，這些條件正符合人文與生態現爲世界休閒旅遊之主流。若能將觀光產業與環境保育相互結合，將可順理成章使台灣成爲名副其實的「綠色矽島」而揚名於世界。

四、加強國際之宣傳推廣

觀光是繼外交與經貿之外，可以將台灣推向國際社會的捷徑，但須建構綿密之全球旅遊資訊服務網，藉以大力宣傳，增加國際之能見度與知名度，對觀光產業之推動必有極大助益。

五、舉辦大型活動以廣招徠

藉辦活動以吸引觀光客是主要之手段，如當下韓國舉辦世界杯足球會前賽即爲一例，如科技大展、選美、博覽會、國際會議等，皆爲典型活動，但必須有能容納萬人之大型集會場所及足夠的住宿空間作爲配套措施。

六、專業人員之培養

語云：「江山美不美，導遊一張嘴」，要提供高水準的旅遊品質，除了優良的觀光設施之外，須有學養俱佳的觀光從業人員，才能發揮雙倍功能，給觀光客留下「還要再來」的美好印象。

七、形成「人人心中有觀光」的全民運動

旅遊發達的國家如日本、法國、西班牙、新加坡及香港等國家人民，不但熱誠有禮，又有親和力，容易與觀光客打成一片。是故要成功發展觀光，全民具備人文素養、國際禮儀及溝通語言等，皆是不可或缺的條件。

隨著時代潮流的演變，觀光產業與科技產業同樣是可以創造就業機會及賺取外匯的明星產業，扮演振興經濟之重要角色，若由政府帶動全民通力合作，密切配合國家發展願景，展現開創觀光事業發展新格局，從而達到觀光客倍增計畫之崇高目標。

（本文刊載於九十一年六月十八日《台灣新聞報》）

鄉土篇

鄉中水 故鄉人

詩仙李白筆下「舉頭望明月，低頭思故鄉」的詩句，是多數出外謀生異鄉人的共同心聲。

筆者的故鄉名曰「過溝」，因爲早期先民須隻身涉水撩過一條大水溝，才能抵達本村莊，因而得名。聚落數百戶，村民生性勤勞樸實，與世無爭，尤以「守望相助，患難扶持」，更成爲休戚相關的社區生命共同體，對於尊賢敬老的傳統美德，在日常生活中更發揮得淋漓盡致。如某人家中有娶媳嫁女的喜事，基於「天頂有天公，地下母舅公」的倫理情愫，於三、五天前就用牛車（五十年前的鄉村沒有汽車、三輪車及機車，只有腳踏車和牛車），把遠地的舅父、舅母、姑媽、姑婆等長輩，連同棉被一起載在牛車上，棉被既可當座墊，以免受崎嶇不平道路顛簸之苦，另可做留客期間睡覺覆身禦寒之用。辦理喜事通常在「新年頭，舊年尾」，爲配合冬季寒冷氣候，須於黃昏前抵家。喜日之前夕，還安排較「好命」的長輩住宿新房，象徵一對新人「天長地久」。喜事辦完，遠親長輩欲返家，主人就挽留到吃完「菜底」（喜筵剩下的菜餚混合重煮之謂），才肯讓客人離去。此一重視濃郁親情敬老的倫理情操，可說是人間至情至性的表現。

村中鄉親絕大多數務農，每日過著「日出而作，日入而息」的規律莊稼生活。每於黃昏時刻，莊稼漢就聚集廟埕廣場，除了交換農耕知識技術及分享心得成果外，因耕作受氣候變化影響甚大，所謂「看天吃飯」，所以每當看到烏雲密布心裡就起伏不定。比如，看到「烏雲飛落海，髮簑蓋（kham3）狗屎」，意味雨下在海上，用不著穿髮簑所做的禦雨工具，心情就開朗無憂，一旦看到「烏雲飛上山，髮簑提來幔（mua1，穿）」，意味山區有雨，擔心有礙耕作田禾。而於黃昏過後，月亮出現時，若出現「月圍圈，會曬脯」，意味將有一段時間乾旱，影響作物成長。諸如此種諺語還有「初一落雨，初二散，初三落雨到月半」、「四一落雨空歡喜，四二落雨有花無結子」、「風颱做了無回南，十日九日湬（tam5）」、「冬節在月頭，卜寒在年兜；冬節月中央，無雪也無霜。冬節在月尾，要寒正二月」等，都是農民觀察氣候長期累積的生活經驗，鄉親時常虔誠祈禱「天公疼戇人」，及時普降甘霖，好使農民豐收有飯吃。

窮鄉僻壤的早期嘉南沿海農村，由於地瘠人貧，有志青年就必須出外謀生。如今大都定居於都會地區，面對著公寓大廈的都市叢林，鄰居的不相往來及人情的淡薄，使得離鄉背井的遊子，不免興起「美不美鄉中水，親不親故鄉人」的思鄉情懷。

（本文刊載於八十九年七月二十五日《自立晚報》）

筷意人生

第十屆中華美食展近日假台北世貿中心如火如荼的舉行。該美食展乃是中外馳名大型活動，爲吸引更多的老饕及觀光客，每年都有不同展出的主題做號召：如素食、藥膳、花宴、金瓶梅及三國宴等，而今年的主題是「海鮮宴」，而特展是「筷子」，特別以「不亦筷哉」做橫額，顯得格外起眼而令人注目不已。

筷子是許多人日食三餐所不可或缺的工具，台灣語中不但保留了古漢字——「箸」，而且還特地爲它量身訂作了「一日走三頓，一暝倚到光」的謎題，用以彰顯它在飲食方面勞苦功高的角色。然而，一般人並未給予太多關注，只因它是稀鬆平常的東西。

若細加思量，不起眼的東西也有它深邃的意涵。如對筷子有深入研究的陳正家先生，就把筷子比如人生而具有六種特質：一、耿直而不會彎曲；二、奉獻而不求回報；三、平等而不敢獨大；四、同苦而不願逃避；五、合作而不要爭功；六、雙贏而不可缺一。可謂比喻恰當，更刻劃出筷子同甘共苦、不辭辛勞之美德。

更進而演繹出其特性是，任勞任怨，目中無分尊卑，無論精饈或粗食，皆一視同仁平等對待的加以努力服務，又是像夫妻及比翼鳥，出雙入對，同氣連枝。人生如筷，理當如此。

沒有筷子雖不至於造成有飯吃不得的窘況，不過，對習慣於使用筷子的華人而言，當進食中餐之際，一旦少了筷子，必然大感不便。要是面對豐饌佳餚當前，卻無箸可下，又將何等殺風景。因此，有箸當思無箸之苦，平時也不要忘了爲它歌頌一番。

正因中餐美食少不了筷子，因此有人就稱頌（用台語發音）：「宴會大家來用箸，滿漢全席足稀奇，山珍海味來甲試，男女老幼攏合意。」夫妻新婚對筷子另有一番描寫：「新娘舉著一雙箸，翁婿暝日疼惜伊，生著囝仔好教示，大家大官食百二。」

正式中餐款宴，不但講究排場，更注重用箸禮儀：「用箸有禮儀，古早有教示，袂使剔喙齒，毋通黑白指，勿通嘴咬箸，袂使飯插箸……」

筷子的功能是一致的，但製造的材質因經濟消費而有異，平常者有竹筷子、木筷子，進一步者有銀筷、金筷，甚至有象牙筷，不一而足。

另外同樣是用餐的器具，「筷子」與「刀叉」則是大異其趣。因為刀有刀形，只有刀之用。叉有叉形，只有叉之用，這是「有形之用」，是謂「小用」。而筷子只是兩根細小的棍子，它沒有「刀叉之形」而有「刀叉之用」，這是「無形之用」，是謂大用。它是從刀叉的原形放開來，並提升成為「抽象的」，甚至是「藝術的」，「筷子」在生活哲學上，可謂發揮得淋漓盡致，不由得令人讚佩。

人生如筷，放眼周遭，與筷子角色雷同、境遇相近的人事物不知凡幾。何妨平心靜氣地找個時間逐一審視評估，靜思體驗，也許會有人生旅程中意想不到的發現。

（本文刊載於八十九年九月十八日《聯合報》）

旅遊趣事一籮筐

隨著出國風氣的盛行，國人已有豐富的旅遊經驗。然而回想剛開放觀光之初，絕大多數的國人未曾踏出國門，既不諳國際禮儀，更不熟悉異國的民俗風情，以致鬧出很多笑話趣談。那些過往陳跡，現在想想，不但可以博君一笑，也可作爲國人旅遊進步的見證呢！

出國在外，總想好好打扮一番，殊不知旅遊注重的是休閒輕便，有的男士愼重地穿上筆挺西裝，足蹬新鞋，女士則旗袍搭配高跟鞋，偏偏旅遊景點大都在湖光山色的古蹟名勝，走了一段路就體熱冒汗。我見過有男士手拿西裝領帶，因不堪新鞋折磨而腳痛跛行，有些女士則乾脆將脫下的高跟鞋高掛在手上，狼狽可以想見。

再說到吃，原本以為人到了外國就好好享用異國風味餐吧，豈知吃個一、兩餐下來，除了刀叉不太會用，又不習慣食物的口味而回復吃中菜。其中最不能忍受的是早餐的生菜沙拉，部分上了年紀的旅客比喻為「牛吃草」，致使有的旅行社領隊須準備電鍋、醬菜、豆腐乳等，一大早就起來煮稀飯侍候這些旅客。更聽說有食補成性的旅客，自帶電鍋燉煮「四神湯」，被服務生聞香而至逮個正著。

歐洲的浴室地板未設漏水孔，有些甚至不設浴簾，一旦洗澡水流出，沾濕了房間地毯，旅客必須照價賠償，損失不貲。尤其是歐式浴室多一個專為女性設計的淨身盆，由於設計精巧，高度大小適中，有人利用它來漱口刷牙或洗衣服，難免貽笑大方。至於房間冰箱內價格昂貴的飲料，國人節儉成性大都不會取用；但有時好奇心起，逐一取出把玩觀看一番後放回原位，翌日退房時引起很大爭議。原因無他，電腦自動記錄，飲料取出即計費。

行萬里路勝過讀萬卷書，目前國人出國旅遊已蔚然成風，甚至成了日常生活文化的一部分。賞玩異國風光的同時，又能看見他國文化生活的異同點，也是旅遊的一大樂事。

（本文刊載於八十九年十月十二日《聯合報》）

溫馨的叮嚀

禁不起愛孫們再三的撒嬌與力邀，思孫心切的家母，終於答應要來台南市住上幾天。不想待到第三天時，卻忽然興起「不如歸去」的念頭，雖經一再挽留，奈因老人家放心不下鄉下託人暫養的雞隻，與聚落日夜相處的老人伴而未曾久留，這是過往家中天倫歡聚的一段插曲。

筆者自幼失怙，母子相依爲命，時時感念慈母的含辛茹苦，彼此間培養了濃郁的親情。因此，一有空就排除繁雜的公務，攜家帶眷回鄉探視。

每次回鄉，家母必定帶著我到村裡大王公廟去燒香膜拜，她常對我說：「小時候你身體孱弱，祈求大王公保庇勇健好養飼，長大之後能穿著白襯衫在鄉公所寫毛筆字辦公。」看她虔誠地念念有詞，是抱著感恩的心情來還願的。隨後她就會帶我拜訪左鄰右舍的親戚及鄰居，並拉起深黑色的衣袖說：「這是我囝幫我煎做的」，得意之情溢於言表。在窮鄉僻壤的地方，能有一個兒子在「都市食頭路」是可以炫耀的，家母的滿意在其滿布皺紋的眉宇之間表露無遺。

享受親情之後辭別時，她早已準備好滿袋的菜脯乾、地瓜及花蓮豆等，這一切彷彿將她滿心的愛意填滿在厚重的行囊裡。臨行前，她一再叮嚀：「有車子來時，毋通過大路」（那個年代鄉下根本還沒有紅綠燈號誌）。時任訓導主任的我，連連點頭稱是，看到慈母所表現出的「安心感」，一時間深深體會到「順從便是孝」的道理。

過去文人描寫親情，如孟郊的〈遊子吟〉、李密的〈陳情表〉、朱自清的〈背影〉，讀後常被詩文中洋溢的親情感動不已。然而，當自己年事稍長時，最叫人難以忘懷的則是母親「溫馨的叮嚀」那些話語，乍聽之餘雖似平常不過，但是對我而言，卻有如餘音繞梁「終生」的「天籟」。

如今先慈雖已去世多年，唯每當要過馬路時，腦海間就不時浮現慈母的剴切叮嚀，除了走在行人穿越道會格外小心外，對慈母的身影更是懷念不已。

（本文刊載於八十九年十二月十日《自立晚報》）

愛從腳底起

親友一票人陪著姪媳婦歸寧會親，地點就在地如其名山秀林美的花蓮縣秀林鄉。爲飽覽從高雄到花東之間的沿途美麗風光，大夥兒乘坐一輛中型巴士，浩浩蕩蕩開拔了七個小時的車程，抵達目的地已是夕陽西下時分。

但見熱情的泰雅族親家，早已備妥鄉土風味的菜餚，熱切地用以款待來自西部的賓客。豪邁熱情的族民，個個是善飲能手，一番觥籌交錯，將氣氛帶到最高點，此刻賓主盡歡。其中幾位壯漢說：「早上五點開始，爲了喜宴已宰了二十頭豬，到現在還沒闔眼，看到『瑪琦』（族語親家之意）親友，精神百倍，不醉不歸」，杯杯都一飲而盡，令人印象深刻。當下喜宴大都委由飯店承辦，平日習以爲常，如今乍看這般自家殺豬宰羊遵守傳統，有別於摩登時代所舉辦的古禮喜宴，兀自倍感格外的親切自在。

翌日的家庭祈福禮拜，由基督教的傳道師主持，加上泰雅族的特殊儀式，用族語唱聖詩、讀經及祈禱文，雖不解其意，但深深感受到衆族民齊爲新人祝福的溫馨氣氛。尤其是新娘那位紋面已屬國寶級的曾祖母甫一出現，立即引起騷動，來自西部的姻親友人競相邀其合照，此一景象最爲熱烈難忘。

于歸喜宴設在正午，由於女方主婚人是一鄉之長，交遊廣闊，有縣長、議長、地區司令及各級民意代表等上千親友參加，場面極爲熱烈。加上成功串場的主持人，能歌善舞的族民，個個莫不將自己的角色發揮得淋漓盡致。

其中最令人難忘、也是平生第一次看到的是，依族規，「阿瑪」（族語新郎之稱謂）爲表示終生疼惜新娘，族民起哄用新娘的高跟鞋盛滿族人自釀的小米酒，要他一飲而盡，並在衆人的祝福見證下，親吻新娘，這種「從腳底築起的愛情」與平埔族「牽手共度一生」的習俗，堪稱是另類的婚姻誓約。

圓醮

由於工商社會的發達，使得農村中的年輕人口爲謀求發展，大量流入都市就業，但因濃郁的鄉土情懷，每逢故里一有節慶活動，必會吸引衆多的外方遊子趕回故鄉歡聚，其中尤以村中供奉的王爺神祇誕辰所舉辦的廟會或建醮祈福大典爲然。此舉正印證俗話說：「美不美鄉中水，親不親故鄉人」，故鄉的一草一木、一舉一動都牽動著遊子的情懷。

最近應家鄉親友的熱誠邀約，回鄉參加盛大的「圓醮」（俗稱醮末）酬神大拜拜。當天舉目所見，除了整個村莊家家戶戶準備各色各樣豐盛的供品粿餔，虔敬地祭拜祈求國泰民安外，還出現了難能可貴的情景，就是不時在人山人海中，與來自四面八方平時難得一見的親友邂逅，大家一見如故，接受彼此的關懷與祝福，充分流露沉浸在久別重逢「月是故鄉明，人是故鄉親」的喜悅氣氛。

在建醮祈福的氛圍中，各家各戶依俗例擺設類似「流水席」的饗宴，用以款待賓客與親友，而客人爲了不疏漏所有在地的親友，大都會逐一登門拜訪，且基於節省並爭取時間上的考量，大都採行「坐下來敬一杯酒，吃一道菜」隨即轉移他處的作法。此一舉動，非但共襄盛舉復又不致失禮，可謂禮數周到、賓主盡歡，箇中景象，充分顯示出鄉下人熱情好客的特質。

老一輩長者的說法是，家裡宴客的桌數象徵家門的人氣與興旺，有時爲著增加宴客人數，就到廟會廣場邀請來自外地觀賞野台戲或看熱鬧的陌生觀衆到家中充當座上客，以炫耀主人交遊廣闊人脈豐沛。熱情的主人甚至在群衆中用竹竿輕輕放下或用繩索加以區隔說：「這些是我家客人」。一番觥籌交錯下來，原來不相識的人變成日後有來往的親友，眞是美事一樁。

（本文刊載於九十年一月一日《自立晚報》）

庄腳醫生

第二次世界大戰結束後，台灣人被日軍徵召赴南洋當軍醫而倖免一死者，紛紛解甲返鄉當起「庄腳醫生」，對於復原階段的鄉村落後醫療設施，扮演了重要健保角色。

庄腳醫生雖沒有診所，但通常都應村民之要求而「往診」，醫生一身白色長袍的穿著，騎著一部人人稱羨的「富士霸王」腳踏車，常會吸引一群小孩緊跟在後，有時候醫生也不禁止小孩入內圍觀他診察病患的過程，來滿足小孩子的好奇心。

俟醫生給病患打針後，診療才算告一段落。當醫生步出患者家門時，有時會要圍觀的小孩排成一列，逐一檢視小孩的頭說：「耳根後洗不乾淨、牙齒沒刷好、頭沒洗生垢等」，然後就會提醒說：「哪一個小孩不乖，就抓來注射」，由於孩童對醫生皆存有一份敬畏的心，大都遵囑回家照辦，無形中上了一堂衛生保健課，孩童遇到醫生就吵著醫生檢查他們改善的項目，個個變成健康活潑的孩童，形成了一種鄉村記趣，也成了難忘的兒時記憶。

「庄腳醫生」最教人欽佩的是，常利用往診的機會，巡視了村中的環境衛生，就會順路去找村長，討論如何整頓全村的整潔工作。由於他是地方上人人尊敬的醫生，經他登高一呼，如響斯應，整個村莊環境衛生保持得非常乾淨。

俗話說：「救人一命，勝造七級浮屠」，當年「庄腳醫生」除了專業的醫術，贏得村民的尊敬外，也常是地方上的意見領袖，成為「移風易俗」的主力，這樣的「仕紳」，豈是現在的「地方老大」所能相提並論的。

（本文刊載於九十年四月十二日《自立晚報》）

褲子被娘收走了

炎夏溽暑的季節，由烏山頭水庫（現稱珊瑚潭）排放出來的圳水，透過密布的圳溝供應嘉南平原稻田的灌溉，圳溝裡的水流是那麼的清澈沁涼，常讓人有躍入浸泡的衝動。

在鄉下，時有小孩溺斃情事發生，基於安全的理由，父母都嚴禁孩童戲水，更何況是湍急的流水，又有涵洞前危險的漩渦。但天氣實在太熱了，禁不起圳溝清涼流水的誘惑，下課放學後，就三五成群結伴戲水，既可解熱，又可充作洗澡淨身，可謂「一兼兩顧，摸蜆仔兼洗褲」，但唯恐褲子弄濕露出破綻，是故小心翼翼的把它置放在圳邊的木麻黃樹下。

大夥兒起初都有默契，頭不能高出水圳，也不能大聲喊叫，以免招來麻煩。豈料大家玩興一開，就互相潑水濺身，愈玩愈起勁，無意間發出大聲尖叫，驚動了離圳溝不遠的聚落人家。

男人大都在田園莊稼，在家中的媽媽們不約而同聞聲而至，有的手持竹掃把的細枝，追打自己的小孩，有的媽媽不問青紅皀白把放在木麻黃樹下的褲子統統收走。但是有的母親雖把孩子的褲子收走，為顧及孩子的面子尊嚴及暗地注意孩子的安全，卻躲在遠方隱蔽處密切觀察孩子的動態，娘的心、娘的意，盡在無言的觀望中。

褲子被娘收走後，以致身無一物，為避免尷尬，常等到日頭落山後，天黑了始起身，用手遮掩著「小雞雞」，狂奔回家，像落水狗似的，偷偷地從後門進屋裡。待換好乾淨的衣服，低著頭繃著臉面對父母，難免一頓挨打或責罵。但過一段期間，禁不起同學的慫恿，又故態復萌，因為身處酷熱的天氣，清涼的圳水實在是太誘人了。

這一幕因嬉戲玩水，褲子被阿娘收走了的情景，雖事隔五十多年，如今仍歷歷在目，回想起來，常不自覺莞爾一笑。所以每當看到現今學童能在游泳池裡享受戲水的樂趣，今昔對比，眞令人羨慕當下孩童是何等的幸福。

（本文刊載於九十年四月三十日《自立晚報》）

阿母的葵扇

台灣光復前後物資極度匱乏，尤以嘉南平原濱海地區的小村莊爲最。在電風扇未普遍使用的時代，阿母節儉成性，捨不得買商家用厚紙板所做現成的手扇，而私下採自檳榔樹枯乾的葉子，手巧地剪成能招風的「葵扇」，作爲日間招涼、夜間打蚊子之用，看她一扇在手，其樂也融融。

彼時鄉下的房子清一色是磚造或土角砌成的平房，溽暑季節一到，即使入夜也酷熱難熬。但阿母因日間忙碌莊稼及操持家務，疲憊的身心須早睡休息，爲防蚊子、蟑螂、飛蛾及壁虎等干擾，所以臥室裡得掛蚊帳。彼時的蚊帳不像現今用尼龍材料編織而成，穿透性高且易通風，而是用棉紗織成的幾乎密不通風，因此阿母常比喻說：睡在蚊帳裡好像在「翕豆菜」（悶豆芽菜），可見其燠悶的程度。

為了驅暑，阿母就用自製的葵扇招風散熱，每每顧不得自己悶熱，而將風搖送至身邊的孩子身上。惺忪中感覺到涼風時起時停，原來是因阿母實在太累，加上手痠而暫歇，又怕孩子太熱睡不著，於是保持警覺地醒了過來繼續搖扇。我們當孩子的，有時不忍阿母的負擔太過沉重，乃接過來用雙手捧著扇子大力搖動，但因不得要領出力過甚而冒汗，阿母又擔心汗流容易感冒，還是堅持接過去由她繼續的搖動，直到深夜涼意出來為止。

後來一位遠親送給阿母一把輕便可以拆摺的紙扇，常看到她用力甩開、甩閉自娛，一副自得其樂的樣子。甚至有時還會在親友面前「涮涮」幾聲炫耀一下。該扇子一邊寫著「錢來也」，另一邊是「生不帶來，死不帶去」。阿母不識字，家兄解釋給她聽，她聽了滿臉狐疑說：「錢是不會自己來的，要靠打拚賺才有」；至於另一邊的詮釋，虔誠信佛的阿母認為：錢既然帶不走，她平時省吃儉用，所儲蓄來的錢，就全用在公益做善事上，所以對寺廟之捐建及添油香積功德則出奇大方，這是阿母對「死不帶去」所領悟的結果吧！

古聖賢、文人常有「每逢佳節倍思親」、「子欲養而親不待」之感傷。今人讀之亦頗覺愴然。如今雖可在居家房間及辦公場所享受冷氣，但再怎麼吹，冷氣都比不上由阿母葵扇搖曳出來那股溫馨和煦的涼意，它搖曳出我對阿母永遠的懷念，特別在這偉大的日子——母親節。

（本文刊載於九十年五月十八日《自立晚報》）

肉桂香裡的溫情

台灣光復後不久，鄉村的國小教室因受第二次世界大戰空襲的浩劫而殘破不堪，加上師資缺乏，以致上課不正常，上一天沒一天的，落得小學生好整以暇，可以從事多采多姿的課外活動。

其中一項最吸引小學生的活動是，下課後三五成群去村中唯一的中藥店，圍觀一位銜著「水煙吹」，閉目專注地爲病患把脈的長者，看他念念有詞的對患者說：「虛火上升……要按時煮藥吃，過幾天後就會好轉。」對於幼小稚嫩的心靈而言，透過指尖的接觸就可診斷病情，簡直匪夷所思，也因此對那位美髯公公高明的醫術崇敬欽佩之至。

隨著老公公開完處方之後，大家隨身轉圍在櫃檯前，注視一位叔叔按著處方箋抓藥包藥，在包藥過程中，難免遺留些已切細的甘草、肉桂屑片，那位叔叔就會好心順手撿拾分給在場的小孩，大夥兒如獲至寶似的含在嘴裡。甘草色黃性溫有甘味，但因味道較淡，不及色褐香辛又有甜味的肉桂，來得更受孩童的歡迎。

四〇年代的小孩，能夠要到五毛錢做零用錢實屬不易。當時的五毛錢可以買二支枝仔冰或可買五顆糖甘仔，但冰棒易溶難持久保存，糖果放置又易招來螞蟻，爲求持久享用，經過多方比較，到中藥店買些肉桂片最實惠，尤其是碰上早已熟識的叔叔，特地從藥櫃中拿出未切的整片肉桂，「劈」一聲撥開並切成幾片，於是用草紙包起來藏在書包，沒想到一進教室，從書包裡所散發出來的肉桂香味，全班都可以聞到。

那年頭鄉下的孩子雖窮，但彼此相處卻深摯熱愛，其樂融融，「有福同享」是大家的默契及行爲模式。但因肉桂片得來不易，實在捨不得和同學均分，又不想太過小氣，索性拿出一片讓大家輪流舔幾下，充分流露出天眞無邪的稚氣。由於肉桂片不易消蝕，隔天還可再拿出來供大家輪流舌舔解饞。

待放學回家，慈母馬上聞到肉桂香，立即遞上一片給阿母以表孝心，阿母接過去咬了一小塊隨即還給我，此舉印證了俗語所說：「囝仔食到胃，才能落入公婆嘴。」母子情深由此可見一斑。在那物資極度匱乏的年代，不只小孩嘴饞，連大人都鮮有吃零食的機會。

時隔半個世紀，每逢年節返鄉，到那家中藥店重溫一下綿綿舊情，是必經的行程。愈是接近中藥店，空氣中飄散的中藥味愈是濃郁，再看到陽光下等待曬乾的藥材，腦海中頓時喚起了陣陣肉桂香的回憶及暖暖的溫情。只不過物換星移，那位醫術高明的美髯公公及抓藥的親切叔叔已不見身影了。韶光易逝，令人不勝唏噓。

（本文刊載於九十年七月五日《聯合報》）

舉手之勞

有一位獨居的老人，習慣於晨昏在附近國小的操場散步。有一天早上要通過馬路時，無意間看到身旁有一位孤單的幼童，在車輛奔馳的混亂情況下，遲遲不敢過馬路，這位老者基於惻隱之心順手牽著幼童的手順利過了馬路，乖巧可愛的學童一句：「爺爺，謝謝！」使這位老人一時錯愕，繼之發出一陣出自內心的莞爾。從此他變成這所國小風雨無阻早晚最熱心的導護志工。這一角色的滿足感與成就感，使他感覺到生活更有價值，生命更有尊嚴，也發揮了無比可貴的人性光輝。

曾經看到一位計程車司機停下車來扶正一塊歪斜的路標，此一舉手之勞，不知多少人因此少走長遠的冤枉路。也曾坐在計程車上聽到熱心民衆叩應到交通電台，提醒什麼地方大塞車、有狀況；這些舉動其實都是不費吹灰之力的「小事」，卻是給很多人帶來方便的「大事」。

其實只要有心，隨時隨地都可舉手之勞行善事，如遇到兩車擦撞，雙方正在面紅耳赤爭執不下，又不方便介入以免「公親變事主」找來麻煩，此刻大可手機一撥報警，也許就因此消弭紛爭，化干戈爲玉帛。又使用公廁走出擋門扇時，若能輕推慢放注意後來者的免於碰撞，進而相繼形成有禮有序的循環舉止，豈不構成「我爲人人，人人爲我」的溫馨和諧畫面。

三國時代的劉備臨終時，告誡其子的一句名言：「勿以善小而不爲，勿以惡小而爲之」，旨哉斯言。舉手之勞，人人可爲，只差大家通常的觀念是「也許別人會做」，或「這麼小的事於人何益」，而不屑一爲之，就這樣忘記了「聚沙可以成塔」的哲理，忽略了稍縱即逝舉手之勞造福別人的良機。衡之當今擾攘混亂的社會，與其詛咒社會太黑暗，不如自個兒舉手之勞劃一根火柴，雖然無法照亮全部灰暗角落，總可露出一絲曙光，引燃希望之火。

（本文刊載於九十年八月十五日《自立晚報》）

關懷厝邊的老大人

日前看到媒體報導一位八十三歲的老榮民，近幾年皆依賴餿水維生，並將所撿來的破爛堆積如山，因惡臭引起鄰居不滿報警處理，看了這則新聞報導，憐憫之情油然而生。

隨著高齡化社會的來臨，老人問題相對增加，如老人失能、疾病及獨居等相繼發生。尤以已婚子女常因工作環境及倫理觀念淡薄等因素，與父母同住的情形日漸減少，三代以上同堂的家庭更是鳳毛麟角，致使乏人照顧的獨居老人愈來愈多。

現代的銀髮族，依年齡推算大都經歷一段生活清苦的日子，苦盡甘來，如今子女雖已長大成人，但大都離鄉在外謀生，雖然有些想盡孝道的子女，常會接雙親到家同住，但老人對於生活一輩子的鄉土，總懷有一份熟悉、依戀的心情，以及對「老人伴」的惦念，同時又持體貼、慈悲的心情，不希望打擾年輕人的生活，所以大都採取獨居的生活方式。

俗云：「老來最怕病來磨」，老人的心理最怕孤獨寂寞及心靈空虛。含飴弄孫、天倫歡聚是老人家最好的生活寄託，然而並不是每個人都能有此際遇與福報，現今的社會多的是蜷居在幽暗角落的弱勢孤單老人。

人人會老，關心老人問題其實就是關心未來的自己，只要每個人盡一點心力，在制度方面，督促政府訂定一些老人相關的福利政策；在日常生活上隨時隨地注意關懷周遭老人，尤其比鄰獨居的老人，他們的要求不多，若能時而給他們誠心的關懷探望，噓寒問暖，足可慰藉填滿他們空虛的心靈，如此作爲也可充分發揮「老吾老以及人之老」的人性關懷以及豁達的胸襟。

（本文刊載於九十年七月十日《自立晚報》）

阿娘的惦念

一位感念母親中年守寡含辛茹苦拉拔扶養長大的獨子，爲回饋母親的辛勞，因自己事業正在起飛，無暇陪伴母親旅遊，就找來一位熟識的旅行社朋友，代爲安排歐洲之旅。行前刻意準備一支能「國際漫遊」的寬頻手機，交代領隊每天代撥，以便每日可聆聽慈母的聲音，以解思母之苦。

其母雖已七十開外的高齡，但走起路來步履穩健，同團遊客請教她養生之道，她特別推介「紅豆煮糙米，健康吃百二」，因此一路上我們稱她爲「紅豆阿婆」，每當有人叫她「紅豆阿婆」時，就笑口大開，顯得格外高興。

出國的人大都「身在國外，心在國內」，總是牽掛惦記一些事，有的人拿起話筒就問股票漲跌多少點，有的叮嚀家人不要忘記給盆栽澆水或定時溜狗等。唯獨阿婆每次都提醒兒子要好好照顧那一群雞仔子（雛雞），大家察覺阿婆每次打完電話，那種安心歡愉的神情，原來是媳婦有喜了，除了一再交代兒子「粗重的工作不要給媳婦做」，還飼養一群小雞要給媳婦產後補身子。俗云：「年頭飼雞仔，年尾坐月內」，阿婆期待寶貝孫子的來臨，愛屋及烏，那種疼愛媳婦的心情，印證當今倫理觀念日漸淡薄的社會，更凸顯出可貴的婆媳母女情。

旅遊過程中，阿婆生性開朗，與團員交融成一片，但對於導遊排定的行程常有些異議，阿婆說：「看來看去都是廟（把教堂看作寺廟），男女雕像不是全裸就是半褲，不成傳統，應給他們穿上衣服或胸罩。」特別是大英博物館參觀埃及木乃伊時，責怪導遊帶她來看包裝的死人，阿婆純眞直爽不失赤子之心的話語，一直是全團的開心果，催化了旅遊很多的情趣。

阿婆是虔誠的佛教徒，坐在車上都可看到她面帶慈祥閉目念念有詞。據她說半個月下來已念了千次大悲咒，並回向禱祝大家旅程平安，大家聽了都很感動，旅程中，阿婆時時表露出她對獨生子一番孝心的安排，使她覺得「先苦後甘」很値得，看到阿婆深以這位兒子感到驕傲的神情，團員同伴也都爲阿婆老來能有此福報而羨慕她、祝福她。

（本文刊載於九十年八月三十日《自立晚報》）

田庄大學生

記得大學單招放榜的隔天，阿母一大早就備辦一副豐盛的牲禮，母子兩人同赴村中的大廟——建德宮，叩謝神明庇佑，才得以順利榜上有名。在膜拜完畢於金爐燃燒紙錢時，熊熊火光映照在阿母滿臉皺紋的容顏上，隱約可以看出她臉上一股掩不住的欣慰與喜悅，彼時我內心深處暗自發下宏願，務必力求上進，以不負阿母殷切的期許，並藉機反哺報答慈母恩。

在四〇年代窮鄉僻壤的農村中，大學生被視爲「田庄狀元」，像是無所不能的角色，村民有關子女升學及就業的選擇，都會商請提供參考的意見，由於形象好，又是稀有人類，所以連村中的美少女也以嫁給「大學生」爲最佳的擇偶對象。

筆者就讀大學時代，印象深刻最値得回味的是，幫鄉里目不識丁的村婦看信與寫信。因深受日據時代台灣壯丁被徵召去南洋當軍伕，常有生死不明的慘痛經驗，家中兒子被派赴金門馬祖等離島服役，爲人父母實在寢食難安。彼時電訊又極不方便，完全要靠書信往來稟報平安。

台灣早期教育並不普及，所以在軍中的充員戰士大都是文盲，但軍中有文書官及輔導員可以代筆，充員家裡接獲軍中兒子的來信，如獲至寶，攜至家中委由我詳細代讀，並說明在軍中受到良好的照顧及「身體勇健」，聽完後看到爲人父母臉上露出的安心感，無限的親情油然而生。接著就趕緊拜託我代筆回信，天下父母心，無不是要遠方的兒子「自己要保重」、「厝裡的代誌免煩惱」、帶在身上的「平安符要紮好」等。爲免遺漏，寫完後還要反覆幾次念給對方聽，還一再叮嚀要交代清楚，充分流露出關愛與思念之深情。

這種思子的心情，持續到退伍，解甲歸鄉才慶平安，有的家屬甚至「殺豬屠羊」酬神還願，並宴請親友分享遊子「凱旋歸來」的喜悅。筆者獲邀爲座上客，還頻頻來敬酒道謝看信和寫信事宜，此刻除了旁觀天倫團圓之樂外，深深體會到能爲村民付出一點服務，回饋桑梓，委實深富意義。

阮是阿土仔啦！

世居在窮鄉僻壤的村莊，以務農爲生的阿土仔，爲彌補他幼年因家庭貧窮無法求學的遺憾，於是夫婦倆除了胼手胝足的耕作三分薄田，並飼養豬隻及雞鴨等動物，定期出售，以挹注獨生子的註冊費。據說，有一年豬瘟流行，差一點把賴以耕田的牛犅（公牛）賣掉以籌措學費。

阿土仔的兒子因深知父母之苦心，在大學期間也頗知力求上進，每年獲獎學金貼補學費，終至申請到美國名校之獎學金出國留學，在鄉下早年有孩子在美國讀書，是一件足以炫耀鄉里的佳事。

憑著鄉下人勤奮刻苦的特性，其子很快就在美國完成博士學位，因成績優異表現傑出，於是被延攬留任母校執教，並贏得美籍女友的青睞，從而結婚定居美國。

雖是成家立業，在美國過著優渥安定的生活，然而時刻不忘故鄉的父母，爲回饋反哺父母之恩，擬將父母接往美國同住。父母以人生地不熟兼文化背景不同，又須照料農園家畜爲由而婉拒，但對孩子的一番孝心，讓他們兩老覺得以往的付出並沒有白費，而引以爲慰。

後來禁不起孩子的孝心及鄰居的勸行，兩老下定最大決心束裝赴美。抵美後頭幾天一切新奇驚異，尤其是看到一望無際的田園，羨煞了守三分薄田的老農夫婦。

阿土仔在美國居住期間，由於兒子要上班，在家的媳婦及孩子雖態度舉止表現親切，但因語言隔閡無法溝通，尤其是美國孫子，每次喊"grandpa"，就讓他想起公牛的情景，而覺得不自在。另外電視所播放的全是英語發音的節目，沒有熟悉的「楊麗花歌仔戲」及「黃俊雄布袋戲」等鄉土節目，又不會開車，只好終日枯坐客廳，等兒子下班回家團聚，幸好夫婦同來還可相互爲伴。

有一天，早起的父親到鄰近的社區公園散步，遇到一位親切的美國老人打招呼，他聽成「歡喜抵（遇）著你」（按係 How do you do的諧音），阿土仔隨即回應：「阮是阿土仔啦！」第二天仍然相遇，同樣的情境，回家後告知其子，他兒子說明那是一句禮貌性的問候語，於是阿土仔爲了不失禮，苦練整個晚上，隔天一早，當遇到那位美國老人，就迫不及待的說：「歡喜抵（遇）著你」，沒想那位美國老人竟脫口而出「阮是阿土仔啦」。從此土洋熱情交流，成就了一段異國友誼。

詩云：「莫怪春來便歸去，江南雖好是他鄉」，雖感受兒孫的盛情款待與挽留，但因按捺不住思念老家的種種鄉愁，最後還是辭別了大開眼界的美國，回到日思夜想的田庄。

阿土仔返鄉後，常會利用機會到廟埕廣場跟人聊天，話匣子一開，就意氣風發侃侃而談，說起在美國登過摩天大樓，到環球影城看過大恐龍等，由於阿土仔的表達語言生動有趣，讓沒有去過美國的鄉親聽得津津有味，而羨慕阿土仔老來「好命兼福氣」。

有時說到亢奮，阿土仔就會誇稱他的媳婦「頭毛黃黃、目珠濁濁、鼻仔督督」，是多麼賢慧體貼，對他們兩老多麼有孝。並會順手從口袋中掏出他寶貝孫子的照片，在親友誇獎他混血的孫子多麼可愛的時候，阿土仔就笑得合不攏嘴，其實在阿土仔的內心，最讓他開心的是，他當了「美國人的阿公」。

（本文刊載於九十年九月二十三日《澎湖時報》）

一樁鳥事的聯想

有一樁鳥事大約發生在二十年前，當年筆者在台南家專服務時，因全校同學皆爲女生，所以校園氛圍格外溫馨。

記得有一天早上，有一位神色匆匆的學生跑進辦公室，以很急促慌張的語氣說：「校長！我剛從『密密相思林』經過時，發現一棵樹上的鳥巢快要掉下來了……。」正在忙於處理公務中的我，本能上的一時反應是，心想：「又不是大不了的事，這麼忙，那有閒工夫去管這種鳥事」，於是不經意表現出事不關己，一副冷漠的表情。

這位學生在極度失望的情形下，隨即悻悻然轉身要離去，就在背影快要消失的那一剎那間，腦際裡忽然浮現一種靈感，及時把這一位同學叫回來，詳問一番情況後，答應儘快派人去處理。

第一節下課後，這位學生帶著滿臉愉悅的神情，以輕快的步伐再跑進辦公室，劈頭就說：「校長！剛剛去看的結果，搖搖欲墜的鳥巢已扶正了，我可以安心上課了！」此時此刻，我看到學生的純眞可愛，立刻就站起來跟她握手，鼓勵她的愛心，充分發揮母性的情操，信手從辦公桌上拿了一支印有校名的原子筆獎賞她，這位學生帶著「日行一善」的成就感高興離去。

回到座位上，一股莫名的心緒湧上心頭，回首想到當初剛剛獲知鳥事的冷漠態度覺得愧疚，也慶幸後來在最後的關鍵時刻，及時把握這一難逢的「機會教育」。

從事教育近四十年，從中體驗到「學生心目中的大事，老師往往當作小事」，而忽略用同理心去體會學生身心的感受。其實教育不需要有太多的大道理，重要的是「耐性與榜樣」而已。

（本文刊載於九十年十月三十一日《聯合報》）

松鼠與幼兒之間

台南家專校園素以花木扶疏、花團錦簇著稱，是故被人雅稱爲「花園學校」。該校雖已改制爲學院，但迄今仍是全國唯一專收女生的大專校院，憑其「新娘學校」的優良口碑，約在二十年前，教育部打破僅師範系統方得設立幼稚園的規定，特准予創立「漢家幼稚園」。

爲突破傳統，漢家幼稚園以創新的理念，規劃出以培養幼兒認識交通安全、建立樂群習性及喜歡親近自然等特質，作爲教學導向，其中尤以讓幼兒愛護動物及了解生態最具特色。

漢家幼稚園四周圍樹木繁多而且相當茂盛，園內不但蓋有一座小型的圓頂鳥園，又放養了數隻松鼠。每當生性活潑、動作機敏的松鼠以矯捷的身段，沿著樹幹爬上爬下，或在樹林間跳躍玩耍時，在旁圍觀的幼兒不禁為之開懷大笑不已，似有靈性的松鼠也就愈跳愈有勁，霎時間，拉近了牠與幼兒之間的距離，經由彼此的互動而打成一片。

有一年的母姐會上，一位滿臉愉悅的媽媽，以無比暢快的心情道出了一段有趣的故事。她說有一天早上，慣常給寶貝兒子備妥水壺與色筆等日常用品，然後為他穿上圍兜，背上背包，行前一再叮嚀手不得伸出車外等「媽媽經」，本以為一切已告就緒，乃牽著孩兒小手準備上娃娃車，沒想到孩兒突然冒出這麼一句：「媽媽給我少帶一樣最重要的東西！」驚問之下，才知原來他所指的是花生米。蓋幼兒在下課後最快樂的時光就是跑出教室，把花生米撒在地上，眼看在樹上枯等已久的松鼠迫不及待的衝下來撿食，每每引起幼兒們的歡聲大笑。

還記得有一回當我巡視校園時，巧遇可愛的幼兒們正在餵食松鼠，得有機會目睹那一幅幼兒親近動物且與動物溫馨互動的畫面，深信在他們那般幼小的心靈上必然留下深刻的印象，也讓自己的一生烙下最美好的回憶。

（本文刊載於九十一年四月二十六日《聯合報》）

拾穗集

作　　者／李福登
出 版 者／生智文化事業有限公司
發 行 人／林新倫
執行編輯／胡琡珮
登 記 證／局版北市業字第 677 號
地　　址／台北市新生南路三段 88 號 5 樓之 6
電　　話／(02)2366-0309
傳　　真／(02)2366-0310
網　　址／http://www.ycrc.com.tw
E - mail ／book3@ycrc.com.tw
劃撥帳號／19735365
户　　名／葉忠賢
印　　刷／鼎易印刷事業股份有限公司
法律顧問／北辰著作權事務所　蕭雄淋律師
ISBN ／957-818-507-3
初版一刷／2003 年 6 月
定　　價／新臺幣 250 元

總 經 銷／揚智文化事業股份有限公司
地　　址／台北市新生南路三段 88 號 5 樓之 6
電　　話／(02)2366-0309
傳　　真／(02)2366-0310

國家圖書館出版品預行編目資料

拾穗集／李福登著.--初版.--臺北市：生
智，2003〔民 92〕
面：　公分

ISBN　957-818-507-3 (平裝)

1.論叢與雜著

078　　　　　　　　　　92005103